Dorothee Döring

Raus aus der Mutterfalle

Befreiung von Selbstzweifeln und Schuldgefühlen

Reichel Verlag

D-93053 Regensburg

E-Mail: mail@reichel-verlag.de
www.reichel-verlag.de

Umschlaggestaltung: Christian Wolf

Coverfoto © Kalim - Fotolia.com

ISBN 978-3-945574-27-0

Inhalt

Einführung

Auch wenn Sie als Mutter immer nur das Beste geben wollten, kann es Ihnen passieren, mit Vorwürfen und Anklagen überhäuft zu werden. Bekannte und Verwandte messen Sie am gerade aktuellen Mythos der „idealen Mutter“, ob Sie z. B. berufstätig sein dürften oder nicht, ihre Kinder versuchen Sie mit Vorwürfen zu einem bestimmten Verhalten zu manipulieren, und wenn sie erwachsen sind, werfen sie Ihnen vor, dass Sie z. B. schuld daran sind, dass sie nicht oder das Verkehrte studiert haben.

Unter dem Dauerbeschuss von Vorwürfen, knicken viele Mütter ein, besonders, wenn sie über ein geringes Selbstbewusstsein verfügen. Schließlich verinnerlichen sie, was ihnen vorgeworfen wird und sitzen damit in der „Mutterfalle“.

Diese Zusammenhänge werden im Teil I *Mütter zwischen Selbstzweifeln und Schuldgefühlen* beschrieben.

Im Teil II *Wege aus der Mutterfalle* beschreibe ich eine Strategie, um aus dieser „psychischen Falle“ herauszukommen.

Der erste Schritt ist die kühle und distanzierte Analyse der Kritik, die Außenwelt und Kinder erheben, mit dem

Ziel, berechtigte von unberechtigten Vorwürfen zu unterscheiden. Der zweite Schritt erfordert, sich mit sich selbst auseinanderzusetzen, zu erkennen, wo man Fehler gemacht hat, welche charakterlichen Eigenschaften, wie z. B. der Hang zum Perfektionismus, ursächlich für die Vorwürfe waren.

Die aus diesen Schritten gewonnenen Erkenntnisse sind die Voraussetzung und Grundlage für den letzten Schritt: den Wiederaufbau eines gesunden Selbstbewusstseins und der Versöhnung mit sich selbst und den Kindern.

Mein Anliegen besteht darin, Mütter dabei zu unterstützen, ihre Selbstachtung zu fördern, einen wertschätzenden Umgang mit sich selbst zu erlernen und – ihnen zu zeigen, wie sie es schaffen können, sich selbst wie eine gute Freundin liebevoll anzunehmen.

Teil I

Mütter zwischen Selbstzweifeln und Schuldgefühlen

1.
Der Mythos der „idealen Mutter“

Merkmale der „idealen Mutter“

Die „ideale Mutter“ ist eine Fiktion in unseren Köpfen, wie eine Mutter sein *sollte*.

Mütter werden mit diesem Leitbild verglichen und beurteilt. So kommt es zu den Urteilen: *„Sie ist eine gute Mutter – sie ist eine schlechte Mutter“*. Aber auch die Mütter selbst messen sich an diesem Anspruch, was dann zu Selbstzweifeln und Schuldgefühlen führen kann und ihnen das Gefühl gibt, ausweglos quasi in einer Falle zu sitzen, der „Mutterfalle“.

Welche Rollen die „ideale Mutter“ kennzeichnen, ist vom Zeitgeist abhängig, von politischen und sozialen Gegebenheiten. So hat sich das *Mutterbild* im Laufe der Jahrzehnte mehrfach gewandelt.[1]

Gehen wir zurück in die Geschichte, ist festzustellen, dass das Mutterbild in Deutschland wesentlich geprägt wurde durch Königin Luise von Preußen (1776-1810). Im Gegensatz zu arrangierten Ehen in anderen Königshäusern führte sie mit ihrem Gatten Friedrich Wilhelm keine auf Staatsräson fußende Zweckehe, sondern eine Liebesbeziehung. Ihre Kinder überließ Königin Luise keinen Gouvernanten, sondern kümmerte sich selbst um sie. Noch weit über ihren Tod hinaus beeinflusste sie das Bild der

Frau und Mutter. Mit ihrer Haltung war Luise Vorbild für das Ideal der bürgerlichen Kleinfamilie, in dem der Vater als Erwerbstätiger die Familie versorgt und die Mutter zu Hause ein gemütliches, angenehmes Heim schafft und sich um Haushalt und Kinder kümmert.

Hatte vorher die Einheit von Mutter und Kind als etwas zutiefst Privates gegolten, so wurde das Mutterideal von den Nationalsozialisten funktionalisiert. Die Aufgabe der deutschen Mutter bestand während dieser Zeit darin, die arische Rasse fortzupflanzen. Frauen, die sich bewusst gegen die Mutterschaft entschieden, galten als entartet und krank. Die Nazis führten eine Steuerpolitik ein, die die Berufstätigkeit von Ehefrauen bestrafte. Die „deutsche Frau“ sollte zu Hause bleiben und dem Führer möglichst viele Kinder gebären. Wichtig war nicht mehr, ob ein Kind ehelich geboren wurde oder nicht, sondern ob es von reiner (arischer) Abstammung war. Der Müttermythos des Dritten Reiches diente der nationalsozialistischen Propaganda. Danach bestand die Aufgabe der Frau im Gebären und der Aufzucht neuer Generationen. Wer „deutschblütig“, „erbrein“, nicht „asozial“, „anständig“, „sittlich einwandfrei“ war und mindestens vier Kinder lebend geboren hatte, bekam das *Mutterkreuz* verliehen, das als große Ehre galt. Eine Frau galt nur etwas, wenn sie Mutter möglichst vieler Kinder war und so zur Stärkung der arischen Rasse beitrug. Dazu kam mit fortschreitendem Krieg die Verpflichtung, in der Kriegsindustrie zu arbeiten.

In den 1950er und 1960er Jahren rückte im Westen Deutschlands die Mutterschaft wieder in den privaten Bereich. Aus der Mutterrolle sollten Frauen eine tiefe Befriedigung ziehen können. Mütter sollten verheiratet sein und ihren Beruf zugunsten der Kinder aufgegeben haben. Den Bedürfnissen ihrer Kinder sollten sie höchste Priorität einräumen. Der Vater hatte lediglich die Rolle des Ernährers inne, seine Bedeutung in der kindlichen Entwicklung wurde fast vollständig ignoriert. An die Frauen stellte dieses Ideal hohe Ansprüche: Viele hatten ein schlechtes Gewissen, weil sie diesem rosigen Bild der Mutterschaft in der Praxis nicht entsprachen. Wer nicht in das Schema der glücklichen Kleinfamilie passte – z. B. Alleinerziehende, berufstätige Mütter, Stiefmütter – wurde gesellschaftlich ausgegrenzt.

Ausgelöst durch die Emanzipationsbewegung suchten während der 1970er und 1980er Jahre immer mehr Frauen einen Kompromiss zwischen dem traditionellen Mutterbild und dem zunehmenden Wunsch nach Berufstätigkeit, Gleichberechtigung und Unabhängigkeit. Man erachtete es schon als wichtig, dass Frauen eine gute Schul- und Berufsausbildung anstrebten, einen Beruf erlernten und diesen auch ausübten, bis das erste Kind geboren war. Anschließend sollte die Frau zu Hause bleiben und sich um die Familie kümmern. Erst wenn das Kind oder die Kinder sie nicht mehr dringend brauchten – so die damalige Vorstellung – könnte sie wieder einer Berufstätigkeit nachgehen. Noch heute gibt es Vertreter dieser Ideologie.

Die DDR setzte als zweiter deutscher Staat ganz auf die Vereinbarkeit von Erwerbstätigkeit und Mutterschaft, weil Frauen im Arbeitsprozess unentbehrlich waren. Für die Kinder gab es Kinderkrippen, Ganztagskindergärten und Ganztagsschulen. Finanzielle Zuwendungen und Förderungen bekamen Mütter unabhängig davon, ob sie verheiratet waren oder nicht. Die Berufstätigkeit der

Frauen wurde ideologisch angestrebt und konsequent gefördert, auch wenn Frauen – ähnlich wie in der Bundesrepublik – selten in Führungspositionen gelangten. Die Frau musste gleichberechtigt am Aufbau des Sozialismus mitwirken. Nur eine werktätige Mutter war dort eine gute Mutter.

Seit den 1990er Jahren gibt es kein vorherrschendes Mutterbild mehr. Inzwischen existieren verschiedene Lebensformen parallel nebeneinander. So gibt es zum einen die „Supermütter", die anscheinend spielend Karriere, Kinder und Haushalt unter einen Hut bringen. Zahlreiche Frauen arbeiten in Teilzeit, wieder andere – vor allem Frauen aus der Mittelschicht – verzichten ganz bewusst auf eine Berufsausübung, weil sie sich nicht weiter dem Druck von Konkurrenz und Fremdbestimmung im Arbeitsleben aussetzen wollen. Sie erhoffen sich durch das Ausleben der Familienrolle eine bessere Selbstverwirklichung als im Beruf. Auf der anderen Seite gibt es zahlreiche Alleinerziehende oder Frauen aus den unteren sozialen Schichten, für die sich diese Frage gar nicht stellt: Sie sind aus finanzieller Notwendigkeit heraus gezwungen, trotz Kindern zu arbeiten. Die Kinderbetreuung übernehmen hier oft Großeltern, Geschwister, Nachbarn oder Bekannte, besonders wenn die Frauen in Schichtdiensten arbeiten. Viele Kinder bleiben auch zeitweise sich selbst überlassen.

Das gesellschaftliche Leitbild der Mutterrolle wurde auch durch das neue Unterhaltsrecht vom 1. Januar 2008 nachhaltig verändert. Der nacheheliche Ehegattenunterhalt für den geschiedenen Ehepartner wurde vom Gesetzgeber zur Ausnahme erklärt, wodurch der bisherige Regelfall ausgehebelt wurde. Durch das neue Unterhaltsrecht wird unterstellt, dass jeder Ehegatte sich selbst unterhalten kann und er Unterhalt nur dann bekommt, wenn er außer Stande ist, für seine Existenz zu sorgen. Das ist der Fall, wenn ein Ehepartner nicht genug Geld verdienen kann, weil er Kinder betreut, zu alt oder zu krank ist, eine Ausbildung abschließt oder keinen Job findet.

Nach altem Recht galt, dass nicht verheiratete Mütter vom Kindesvater im Normalfall nur Unterhalt verlangen konnten, bis das Kind drei Jahre alt war. Geschiedene dagegen durften darauf bauen, dass sie überhaupt erst wieder Teilzeit arbeiten mussten, wenn ihr Kind acht Jahre alt war, bei zwei oder mehr Kindern sogar noch später.

Heidi, 33:

„Ich habe nie darüber nachgedacht, ob ich nach der Geburt unserer Kinder wieder berufstätig sein wollte. Ich war glücklich mit meiner Familie, meinen Kindern und der Rollenteilung, dass mein Mann das Familieneinkommen verdiente und ich Haus- und Familienarbeit leistete. Aber mich finanziell nicht abzusichern, das war nicht gerade clever von mir. Nachdem mein Mann mich verlassen hat, bekomme ich keinen Cent von ihm, obwohl unsere kleine Tochter erst 4 Jahre alt ist. Während der Kindergartenbetreuung wird von mir erwartet, dass ich Teilzeit arbeiten gehe. Meinen ehemaligen Beruf als Krankenschwester kann ich wegen des Schichtdienstes vergessen. Teilzeitarbeit ist dort ohnehin nicht möglich und mein Einkommen reicht auch bei Vollzeitarbeit nicht aus, um eine Kinderbetreuung zu organisieren und zu bezahlen. Heute rate ich

allen Frauen, bei aller Verliebtheit auch an ihre Versorgung zu denken. Gefühle können sich schnell ändern."

Seit Ursula von der Leyens Zeit im Familienministerium während der Großen Koalition (2005-2009) fördert der Staat ganz gezielt die volle Berufstätigkeit von Müttern. Es wurde die bezahlte Elternzeit eingerichtet, um hoch qualifizierte Frauen zu motivieren, Kinder zu bekommen. Berufstätige Mütter können 14 Monate zu Hause bei ihrem Kind bleiben und es selbst versorgen, statt es – wie es früher üblich war – nach der gesetzlichen Mutterschutzfrist (6 Wochen vor und 8 Wochen nach der Geburt) in Fremdbetreuung zu geben. Nebenbei wurde von der Familienpolitik aber auch das Ziel verfolgt, Frauen finanziell unabhängiger zu machen und die Rahmenbedingungen dafür zu schaffen, dass jede Frau ihre eigene Altersvorsorge erwirtschaftet. Das allerdings geht nur mit Vollzeitbeschäftigung.

Inzwischen hat man auch den Eindruck, dass die nicht berufstätigen Mütter in eine Rechtfertigungshaltung gedrängt werden, weil man ihnen unterstellt, den Staat zu schädigen, weil sie das Bruttosozialprodukt nicht mehren, sondern oft auf staatliche Unterstützung angewiesen sind und auch später von Altersarmut bedroht sein könnten und dann der Allgemeinheit zur Last fielen.

Die Mutterliebe als wesentliches Merkmal der „idealen Mutter"

Unter Mutterliebe wird allgemein die reinste, innigste und selbstloseste Liebe verstanden und damit ist sie stark idealisiert und Teil des Mythos von der „idealen Mutter".

Mutterliebe war schon im Alten Testament ein Thema:

Zwei Frauen streiten sich um einen Säugling. König Salomo soll entscheiden, wer die richtige Mutter ist. Er lässt sich ein Schwert bringen und sagt, er wolle das Kind in zwei Hälften teilen. Daraufhin verzichtet die eine Frau sofort: Lieber soll das Kind bei der anderen aufwachsen, als getötet zu werden. König Salomo wertet das als Zeichen echter Mutterliebe.

Auch heute wird Mutterliebe vielfach immer noch mit selbstloser Aufopferung für die Kinder gleichgesetzt. Die Bindungsforschung beginnt erst heute zu verstehen, wie das große Gefühl einer Mutter entsteht und warum Mütter für ihre Kinder tatsächlich vieles tun, was sie für keinen anderen Menschen auf sich nehmen würden.

Was ist Mutterliebe? Ist sie ein euphorisches Gefühl, das sich direkt nach der Geburt wie auf Knopfdruck einstellt, oder eher eine langsam wachsende Zuneigung? Ist sie ein Trick der Natur, angeboren oder unbewusst erlerntes Verhalten? Wie entsteht dieses Gefühl, das viele als die stärkste Bindung ansehen? Sind es die Hormone, die für Mutterliebe verantwortlich sind, oder doch eher die Erziehung? Denn schließlich gibt es ja auch Frauen, die ihre Kinder misshandeln oder sogar töten – was geschah mit deren Mutterliebe?

Während der Geburt eines Kindes schüttet der weibliche Körper große Mengen an Endorphinen aus. Sie haben schmerzlindernde Wirkung, ähnlich wie Morphine, und sind außerdem angstlösend. Wenn das Kind geboren ist, endet der Schmerz zwar, der Endorphinspiegel ist jedoch nach wie vor sehr hoch: Die Mutter ist quasi high, im Rausch körpereigener Drogen.

Außer den Endorphinen wird noch ein weiteres Hormon während des Geburtsvorgangs ausgeschüttet: das Oxytocin. Es gilt als Bindungshormon und entsteht während der Geburt. Eine weitere Dosis des Botenstoffes schüttet das Gehirn beim Stillen aus. Bereits in den ersten Monaten der Schwangerschaft konnten israelische Forscher nach einer 2007 veröffentlichten Studie schon Oxytocin in stärkerer Dosierung nachweisen, als dies bei nicht schwangeren Frauen der Fall war. Und sie fanden heraus: Je höher der Oxytocin-Spiegel der Mutter während der Schwangerschaft war, desto intensiver beschäftigten sich die Frauen anschließend mit dem Kind und desto stärker waren sie ihm zugewandt. Das wäre eine mögliche Erklärung dafür, warum Mütter ihre Babys auch dann nicht verstoßen, wenn sie in einer Kaiserschnitt-Entbindung unter Vollnarkose geboren wurden.

Bedeutenderer scheinen aber Lernfähigkeit und Erfahrung zu sein, was übrigens nicht nur bei Menschen, sondern auch bei Affen dazu führt, dass sie Babys adoptieren und liebevoll großziehen können.

Schafe dagegen lehnen ihre Lämmer ab, wenn sie durch Kaiserschnitt unter Narkose zur Welt kommen. Auch wenn ein Lamm direkt nach der Geburt von der Mutter weggenommen wird, nimmt sie es nicht an, wenn man es ihr nur wenig später zurückgibt. Menschen dagegen können Mutterliebe erlernen. Bindungsforscher haben herausgefunden, dass es Frauen, die selbst eine liebevolle, zärtliche Mutter hatten, deutlich leichter fällt, ihre Kinder ebenso zu behandeln.

Bei Menschen, die durch häufigen Umgang bereits viel Erfahrung mit Kindern gesammelt haben, sind keine Hormonschübe mehr nötig, um mütterliches Verhalten auszulösen. Hier genügen kleinere Reize wie beispielsweise der bloße Anblick eines Babys.

Es ist auch richtig, dass sich Mutterliebe im Laufe der Jahre verändert. Sie wird nicht mehr oder weniger, sondern anders. Sie verändert sich mit ihren Aufgaben, und das ist gut und wichtig so! Denn liebten wir einen Dreijährigen auf die gleiche Weise wie einen Säugling oder eine Fünfzehnjährige so wie eine Siebenjährige – dem Kind täte es nicht gut. Damit Kinder sich in der Pubertät ablösen können, brauchen sie die Unterstützung ihrer Mütter, die bereit sind, Distanz zuzulassen. Und einen Dreijährigen, dessen Bedürfnisse wir so umgehend befriedigen wie die eines Säuglings, bringen wir um die „optimale Frustration“, die er braucht, um sich gut entwickeln zu können. Eilen Mütter stets herbei, bevor nur eine Träne fließen kann, geben sie jeder Wut nach, weil sie den Zorn des Kindes nicht ertragen wollen, beseitigen sie jedes Unwohlsein, bevor es richtig gespürt wird, dann bringen Mütter ihr Kind um die wichtige Erfahrung, Kummer und Spannung aushalten zu lernen. Nur so kann ein Kind die Erfahrung machen, dass Bedürfnisse und Wünsche nicht immer umgehend erfüllt werden.

Aber nicht immer verläuft die Bindung zwischen Mutter und Kind so störungsfrei.

Bei Müttern, die nach der Geburt eine Depression, auch „Babyblues“ genannt, entwickeln, ist die sensible Bindungsphase krankheitsbedingt gestört. Die Mutter leidet an Ängsten, Zwangsgedanken oder Schuldgefühlen und hat ihrem Kind gegenüber zwiespältige Gefühle. Meist ist eine stationäre Behandlung notwendig. Obwohl depressive Mütter stark leiden, gibt es doch zumindest eine positive Prognose: In den meisten Fällen klingt eine postnatale Depression wieder vollständig ab.

Was aber passiert, wenn die Mutterliebe fehlt und sich auch später nicht einstellt? Jede Woche wird in Deutschland ein Baby ausgesetzt. Nur etwa die Hälfte aller Säuglinge überlebt eine solche Verzweiflungstat der eigenen Mutter. Es gibt aber auch Mütter, die grundsätzlich nicht zur Mutterliebe fähig sind.

Darüber hinaus gibt es Frauen, die ihre Schwangerschaft verdrängt haben und dann selbst völlig überrascht von der Geburt sind und in Panik geraten. Im günstigsten Fall für das Kind wird es in der Babyklappe abgelegt.

Eine junge Frau erzählte in einem Interview, sie sei in Panik gewesen, weil sie nichts von ihrer Schwangerschaft bemerkt habe. Allein habe sie entbunden und sich zur Babyklappe des Krankenhauses geschleppt, um ihren Sohn dort abzugeben. Nach einigen Tagen habe sie realisiert, was geschehen sei und gespürt, wie sich eine tiefe Liebe zu ihrem Kind entwickelt habe. Sie sei zum Krankenhaus gegangen, habe sich als die Mutter des anonymen Babys zu erkennen gegeben und ihr Kind zurückgefordert.

Das Beispiel zeigt, dass Mutterliebe oft nur Zeit braucht. Manchmal bleibt sie aber auch ganz aus, vor allem bei Müttern, die selbst keine Wärme, Liebe und Geborgenheit erfahren haben. Wenn die Mutterliebe fehlt, reicht das Spektrum der Folgen für ein Kind, unabhängig von der sozialen Schicht, von emotionaler Kälte über Vernachlässigung bis hin zu körperlicher Gewalt.

Frauen, die nicht erkannt werden wollten, sprachen in einem Interview auch über das Tabu der Kindstötung. Eine junge Frau, die zu zehn Jahren Haft verurteilt wurde und die unerkannt bleiben wollte, setzte ihr Kind am Tag der Geburt aus und nahm seinen Tod „billigend in Kauf". Ihre kleine Tochter erfror nur wenige Schritte vom elterlichen Haus entfernt. Die Mutter sagt, sie habe sich nicht zu helfen gewusst, einfach nicht gewusst, was sie machen sollte.

„Es gibt nur eine ganz selbstlose, ganz reine, ganz göttliche Liebe, und das ist die der Mutter für das Kind", so beschrieb einst der deutsche Schriftsteller Georg Ebers (1837-1898) Mutterliebe und unterstützte damit den Muttermythos. In einfühlsamer und kompetenter Weise analysiert die Schweizer Psychologin und Psychotherapeutin Gabi Gschwend in ihrem Buch *„Mütter ohne Liebe. Vom Mythos der Mutter und seinen Tabus"*[2] die fatalen Konsequenzen eines überhöhten, romantisierten Mutterideals.

Sie kann auf eine Reihe von guten Gründen verweisen, den Muttermythos kritisch zu hinterfragen. So führe die Vorstellung der unerschöpflichen Mutterliebe zu einer Verdrängung und Verleugnung der negativen Seiten der Mutterschaft und ambivalenter oder auch negativer Gefühle.

Die den Muttermythos verherrlichenden Medien vermittelten ein Bild des Mutterseins als Hort reinen Glücks und permanenter Erfüllung, verschwiegen jedoch beispielsweise die Monotonie, die Einsamkeit und die „gnadenlose Häuslichkeit“, die mit der Kindererziehung einhergehe. Gefühle der Frustration, Erschöpfung und auch der Wut lösten vielfach Schuldgefühle bei den Müttern aus, würden jedoch verleugnet und verdrängt, da sie nicht dem Bild einer „guten Mutter“ entsprächen.

Dadurch verschwänden sie aber nicht, sondern äußerten sich häufig in destruktiver Weise. Gschwend sieht Lieblosigkeit und familiäre Gewalt als direkte Folge der Normen des Muttermythos. Wer seine negativen Gefühle abkapsele, weil sie mit dem Müttermythos nicht vereinbar seien, der könne auch seine positiven Gefühle wie Liebe nicht spüren.

Die Autorin zeigt, dass die Vorstellung, eine Mutter sei in jedem Fall – zumindest in den ersten Lebensjahren – das Beste für ihr Kind und andere Bezugs- oder Betreuungspersonen die zweite und schlechtere Wahl, eine durch den Muttermythos unterstützte Ansicht ist. Sie plädiert dafür, eine realistischere Sichtweise der Mutter-Kind-Beziehung einzunehmen und auch die Schattenseiten, die dem gesellschaftlichen Bild der „idealen Mutter“ nicht entsprechen, ins Bewusstsein zu heben und anzunehmen. Dazu gehören etwa negative Gefühle dem Kind gegenüber, die wohl jede Mutter in manchen Situationen verspürt, aber auch die Existenz „liebloser Mütter“, die nicht fähig oder bereit sind, ihr Kind bedingungslos anzunehmen.

Die Abkehr vom vorherrschenden Muttermythos stellt Gschwend sowohl für die Mutter als auch für das Kind als Gewinn dar. Durch die Abkehr von der Tabuisierung und Verleugnung negativer Aspekte werde der Mutter eine fruchtbare Auseinandersetzung mit der eigenen Mütterlichkeit ermöglicht, die gleichzeitig auch das Bild der „schlechten Mutter" relativiere und somit entlastend wirke. Auf der anderen Seite könne die Abkehr von der Verklärung der Mutter-Kind-Beziehung auch die Augen dafür öffnen, dass es destruktive Mutter-Kind-Beziehungen durchaus gebe. Obwohl es sich um ein gesellschaftlich brisantes Thema handelt, zeichnet die Autorin ein realistisches Bild, dass die Mutter-Kind-Beziehung meist zwischen den beiden Polen der allumfassenden Liebe zu jedem Zeitpunkt einerseits und massiver Ablehnung und Destruktivität andererseits angesiedelt sei. Glück, Zärtlichkeit und das Gefühl der Verbundenheit fänden darin ebenso Platz wie Enttäuschung, Wut und Frustration, die Vorstellung symbiotischer Verschmelzung ebenso wie ein ausgeprägtes Individuationsbedürfnis, also alle Facetten, die andere Liebesbeziehungen auch aufwiesen.

Nach den Erfahrungen der Therapeutin stelle der Verzicht auf den Muttermythos sowohl für die Mutter als auch für das Kind einen Gewinn dar, weil die Abkehr von der Verklärung der Mutter-Kind-Beziehung auch die Augen dafür öffne, dass destruktive Mutter-Kind-Beziehungen durchaus weit verbreitet seien. Die Therapeutin erwartet von einer Durchbrechung des Muttermythos auch eine verstärkte soziale Kontrolle des Kindeswohls.

Als Fazit bleibt, dass die Mutter-Kind-Beziehung wohl in den allermeisten Fällen zwischen den beiden Polen der „allumfassenden Liebe zu jedem Zeitpunkt" einerseits und „massiver Ablehnung und Destruktivität" andererseits angesiedelt ist.

2.
Übermütter, Rabenmütter und andere

Wie schon ausgeführt, gibt es seit den 1990er Jahren kein vorherrschendes Mutterbild mehr. Aufgrund von gesellschaftlichen und wirtschaftlichen Veränderungen hat sich eine Vielzahl verschiedener Lebensformen entwickelt. So gibt es inzwischen, zusätzlich zu den bekannten Muttertypen wie der nicht erwerbstätigen und der berufstätigen Mutter, zahlreiche andere. Sie zu unterscheiden ist wichtig, wenn man verstehen will, ob, und wenn ja, welche Probleme diese verschiedenen Mütter haben, einem wie auch immer empfundenen Ideal der „guten Mutter“ nahe zu kommen.

Ich unterscheide die folgenden Muttertypen:

1. nach der Zeit, die die Mutter für das Kind aufbringt:

- die nicht erwerbstätige Mutter oder kurz: Vollzeit-Mutter
- die berufstätige Mutter
- als alleinerziehende
- als nicht alleinerziehende
- als Karriere-Mutter

2. nach der Art und Weise des Umgangs mit dem Kind

- die Freundin-Mutter
- die Chaos-Mutter
- die Helikopter-Mutter
- die Tiger-Mutter
- die eingeschüchterte Mutter

Die Vollzeit-Mutter

Frauen dieses Typs können sich, weil sie nicht berufstätig sind, neben ihren Aufgaben in Haushalt und Partnerschaft voll auf ihre Mutterrolle konzentrieren. Dabei streben sie einen mehr oder weniger hohen Grad an Perfektion an. Sie wechseln Windeln, singen Schlaflieder, lesen vor oder sind mit dem Nachwuchs auf dem Spielplatz. Sie trösten bei Wehwehchen, kutschieren die Kinder durch die Gegend, werfen die Waschmaschine an, kochen, erledigen den Einkauf und beseitigen das Chaos im Kinderzimmer. Sie organisieren das Leben ihrer Kinder – angefangen vom selbst gekochten Biogemüsebrei über Frühförderkurse bis hin zur ultimativen Geburtstagsparty mit selbst genähten Kostümen. Vollzeitmütter sind Entertainerinnen, Psychologinnen, Reinigungskräfte, Köchinnen, Chauffeurinnen, Krankenschwestern und Erzieherinnen zugleich.

Vollzeit-Mütter verstehen sich als Managerinnen ihrer Kinder. Berufstätigkeit ist für diesen Muttertypus kein Thema. Ihr Ziel besteht darin, ein heimisches Paradies zu schaffen, und sie fühlen sich für das Glück ihrer Kinder verantwortlich.

Doch wie bei manchen anderen Muttertypen ist das Leben als Vollzeit-Mutter nicht immer ganz freiwillig gewählt. Fragt man diese Mütter nach ihrem Lebenskonzept, dann wünschen sich die meisten insgeheim, dass sich Beruf und Familie zusammen verwirklichen ließen.

Gelingt es ihnen aber nicht, nach der Elternzeit in den Beruf wieder einzusteigen, oder erleiden sie bei dem Versuch Schiffbruch, Beruf und Familie miteinander zu vereinbaren, ziehen sich viele auf ihre Mutterrolle zurück. Doch für viele ist dieser (Aus-)Weg weder finanziell noch von ihrem Selbstverständnis her gangbar, denn zu groß ist die Angst vor Scheidung oder mangelnder Versorgung im Alter.

Inzwischen hat sich die Akzeptanz der Vollzeit-Mutter in der Gesellschaft etwas geändert: Während sich früher berufstätige Mütter rechtfertigen und als „Rabenmütter" titulieren lassen mussten, sind es heutzutage die Vollzeit-Mütter, die in eine Rechtfertigungssituation kommen.

Die berufstätige Mutter

Die Lebensumstände und damit auch die Möglichkeiten einer berufstätigen Frau, ihre Mutterrolle auszuüben, hängen ab von ihrem Familienstand, ihrer Stellung im Beruf und dem, damit in engem Zusammenhang stehenden, verfügbaren Einkommen. Im Folgenden unterscheide ich die alleinerziehende Mutter, die nicht alleinerziehende Mutter und die Karriere-Mutter.

Die alleinerziehende Mutter

Immer mehr Kinder in Deutschland wachsen bei nur einem Elternteil auf (Einelternfamilie) – meist bei der Mutter, die ein gewisses Organisationstalent an den Tag legen muss, um die Elternrolle allein auszufüllen und daneben zu arbeiten, um den Familienunterhalt zu verdienen.

Kinder alleinerziehender Mütter werden notgedrungen schnell zur Selbstständigkeit erzogen. Oft plagt alleinerziehende Mütter ständig ein schlechtes Gewissen, z. B. wenn sie aus Zeitnot schon wieder zur Fertigpizza greifen müssen statt zum frisch gekochten Essen oder sich nicht an der Renovierung der Kita oder der Schule beteiligen.

Alleinerziehende Mütter schätzen es durchaus, ihr eigener Herr zu sein und ihren Lebensweg selbst bestimmen zu können, zugleich lastet die alleinige Verantwortung insbesondere für die Kinder schwer auf ihnen, und sie haben auch nur wenig Freiraum für ihr Privatleben.

Miriam, 37:

„Ich bin alleinerziehende Mutter von zwei Kindern (9 und 4). Das schaffe ich nur, weil ich ein gewisses Organisationstalent besitze, das ich zweifellos von meiner Mutter geerbt oder unbewusst übernommen habe und das mir sehr dabei hilft, alles allein zu managen. Ich fülle die Elternrolle allein aus und bin zudem voll berufstätig. Zwangsläufig werden meine Kinder in viele Aufgaben im Rahmen ihrer Möglichkeiten einbezogen und dadurch schnell zur Selbstständigkeit erzogen. Mich plagt oft das schlechte Gewissen, wenn einfach die Zeit für manches

fehlt. Obwohl ich viel Unterstützung von meinen Eltern bekomme, gelange ich immer wieder an den Rand meiner Kräfte, denn seitdem mein Mann uns verlassen hat, bin ich permanent gefordert, denn ich bin die Hauptzuständige, die alles organisiert. Ich empfinde es als anstrengend, den Familienalltag allein zu organisieren. Alles lastet auf meinen Schultern, den Sohn vom Kindergarten abholen, einkaufen, kochen, mit der Tochter Hausaufgaben machen, die Kinder ins Bett bringen, aufräumen. Ich bin nie fertig, immer erschöpft und habe keine Zeit für mich selbst."

Im Gegensatz zu Miriam, die vollzeitbeschäftigt ist, besteht das größte Problem alleinerziehender Mütter in unzureichender finanzieller Absicherung. „90 Prozent aller Alleinerziehenden sind weiblich, viele von ihnen auf Hartz IV angewiesen und auch später von Altersarmut bedroht."[3]

Durch die Agenda 2010 hat sich für viele alleinerziehende Mütter die Lebenssituation deutlich verschärft. Sie sind gegenüber anderen Müttern, die in anderen Familienkonstellationen leben (Ehe oder Lebenspartnerschaft), sowohl steuerlich wie auch bezüglich des Unterhalts schlechter gestellt. Darüber hinaus sind sie auf dem Arbeitsmarkt benachteiligt. Sie finden meist nur im Teilzeit- und Niedriglohnsektor Beschäftigung.

Der spezifische Bedarf alleinerziehender Mütter, der in flexiblen, guten, bezahlbaren Kitas und Ganztagsschulen besteht, wird immer noch ignoriert und es alleinerziehenden Müttern überlassen, wie sie Erwerbs- und Erziehungsarbeit miteinander vereinbaren können. Oft kollidieren die Öffnungszeiten von Betreuungseinrichtungen mit Schichtdiensten. Und am Ende werden alleinerziehende Mütter im Alter infolge des niedrigen Verdienstes, ihrer geringen Einzahlungen in die Altersvorsorge und wenig privater Vorsorgemöglichkeiten überproportional häufig von Altersarmut betroffen sein.

Die Hälfte der Alleinerziehenden ist immer wieder von Arbeitslosigkeit betroffen oder nur geringfügig beschäftigt. Selbst gut ausgebildete Alleinerziehende finden oft schwer Arbeit oder haben zeitlich befristete Jobs, die weit unter ihrer Qualifikation liegen. Sehr viele Alleinerziehende erhalten nur Teilzeit-Arbeitsplätze oder müssen diese wählen, um die zeitlichen Anforderungen des oder der Kinder zu erfüllen.

Viele alleinerziehende Mütter beziehen Sozialhilfe, jedoch in den meisten Fällen nur für eine begrenzte Zeit, nämlich solange sie in Elternzeit sind. Entsprechend liegt der durchschnittliche Sozialhilfebezug von Alleinerziehenden nach Auskunft des Verbandes Alleinerziehender Mütter und Väter e. V. (VAMV) bei 22 Monaten. Oft reicht das in Teilzeit erwirtschaftete Geld danach nicht aus, so dass eine teilweise Abhängigkeit von der Sozialhilfe bestehen bleibt, indem bis zum Hartz-IV-Satz mit staatlicher Unterstützung „aufgestockt“ wird.

Ein weiteres Problem – besonders für alleinerziehende, berufstätige Mütter – besteht darin, dass die öffentlichen Angebote der Kinderbetreuung nicht zur modernen Arbeitswelt passen. Die Öffnungszeiten von Kitas sind nicht kompatibel mit Schichtdiensten, beispielsweise in Pflegeberufen.

In manchen größeren Unternehmen setzt sich inzwischen, vor allem wegen der mittlerweile knapper werdenden Arbeitskräfte, eine familienfreundlichere Politik durch, indem firmeneigene Kindergärten eingerichtet werden, flexible Arbeitszeiten und Homeoffice angeboten werden. Die Probleme der zu niedrigen Bezahlung und der fehlenden Aufstiegschancen bleiben dagegen.

Viele alleinerziehende Mütter leiden unter dem Gefühl der Zerrissenheit, weil sie weder für die Familie noch für den Beruf genug Zeit haben. Ihnen fehlt die Hilfe, die z. B. berufstätige, verheiratete Mütter haben, die meist durch ihre Ehemänner unterstützt werden.

Petra, 47:

„Ich bin geschieden und alleinerziehend. Mein Sohn ist zehn. Ich arbeite als Betriebswirtin bei einer Bank Vollzeit: Im Gegensatz zu vielen Alleinerziehenden mit ihrem deutlich erhöhten Armutsrisiko habe ich zumindest genug Geld. Woran es mangelt, ist Zeit. Ich gehe so früh wie möglich ins Büro, damit ich nachmittags zeitig nach Hause kann. Mein Sohn ist infolgedessen das erste Kind in der Frühbetreuung. Nachmittags muss er die Wege zum Klavierunterricht, zum Sport, zu Freunden alleine finden. Zwischen Büro und Wohnung hetze ich im Supermarkt vorbei, damit ich etwas Frisches kochen kann. Kein Wochenende vergeht ohne Wanderausflug, Kinderkonzert oder Fußballturnier.

Wenn mein Sohn endlich im Bett ist und schläft, checke ich Mails und vollende, was im Büro liegen blieb. Die Zeit vor Weihnachten finde ich jedes Jahr besonders stressig. Zwar kommen nur die Großeltern, aber da muss die Wohnung geputzt sein, das Essen soll schon etwas Be-

sonderes sein, der Tisch perfekt gedeckt, das Freizeitprogramm geplant, die Geschenke originell verpackt sein. Plätzchen kaufen geht gar nicht. Die müssen auf jeden Fall selbst gebacken sein. Die Frage ist nur: wann?"

Petra ist offensichtlich das, was man als „Powerfrau" bezeichnet. Sie ist gut strukturiert und organisiert und lebt selbstbestimmt und unabhängig. Woran es ihr mangelt, ist Zeit.

Andrea, 39:

„Ich kann mich nicht zerteilen, sondern muss Prioritäten setzen, besonders, nachdem ich mich nach meiner Scheidung selbstständig gemacht habe und ein Fußpflegeatelier eröffnet habe. Gerne würde ich mich mehr engagieren und Kontakte zu Frauen in ähnlicher Situation aufbauen, gleichzeitig aber habe ich das Gefühl, mich meinem Sohn (3) nicht intensiv genug zuwenden zu können. Der Mangel an Zeit führt oft zu einer Daueranspannung. Wenn ich zwischen meinem Studio und der Kita hin- und herfahre, zähle ich die Minuten. Und wenn mein Sohn plötzlich krank wird, habe ich erst recht ein Problem."

Wenn die Kita geschlossen ist, sind Alleinerziehende wie Andrea immer wieder auf die Unterstützung von Familie, Freunden und Nachbarn angewiesen. Diese informellen Netzwerke sind eine wichtige Überlebenshilfe, haben aber auch ihre Kehrseiten, nämlich permanente Abhängigkeit. Viele alleinerziehende Mütter empfinden es als belastend, auf andere angewiesen zu sein. Weil es ohne Hilfe von außen nicht geht, müssen sie immer wieder Kompromisse und Zugeständnisse machen, zum Beispiel gegenüber ihren Eltern. Nicht aus dem Haus zu können, ohne einen Babysitter für den Sohn zu organisieren, macht jeden Termin und jede Verabredung zu einer Hürde.

Trotz vieler Schwierigkeiten schätzen viele alleinerziehende Mütter es, ihr Leben selbst bestimmen zu können, obwohl vieles in einer neuen Partnerschaft einfacher wäre. In eine neue Abhängigkeit möchten sie sich jedoch oft nicht begeben. Wichtig ist für sie, ihr Leben so zu organisieren, wie sie es für richtig halten.

Die nicht alleinerziehende Mutter

Der Vater bringt das Geld nach Hause und die Mutter kümmert sich um Haushalt und Kinder – dieses Modell war vor allem in Deutschland jahrzehntelang vorherrschend. Inzwischen üben weit über die Hälfte aller Mütter einen Beruf aus, wie die offiziellen Statistiken zeigen.

Obwohl sich das traditionelle Familienbild auch in Deutschland langsam wandelt, haben es berufstätige Mütter hierzulande immer noch schwerer als in anderen europäischen Ländern. Das liegt zum Teil an fehlenden oder unzureichend vorhandenen bzw. bezahlbaren Betreuungsmöglichkeiten für Kinder, die in anderen europäischen Ländern längst selbstverständlich sind.

Mit großem Interesse habe ich Barbara Streidls Buch *„Kann ich gleich zurückrufen? Der alltägliche Wahnsinn einer berufstätigen Mutter“* [4] gelesen, in dem die Autorin eine typische Woche aus dem Leben einer Frau mit dreijährigem Sohn und 30-Stunden-Arbeitswoche beschreibt. Und es ist tatsächlich der reine Wahnsinn, obwohl die Umstände ihrer Protagonistin vergleichsweise gut sind:

Sie hat einen verantwortungsvollen Ehemann, der sich des Problems bewusst ist und mitmacht, wo er kann, sie hat keine Geldsorgen und auch sonst keine größeren anderweitigen Probleme. Und trotzdem ist das Leben eine reine Hetze.

Mit genauem Blick schildert die Autorin die vielen kleinen Fallstricke der Unvereinbarkeit von „Beruf und Familie". Was mich am meisten deprimiert hat, sind ihre ständig präsenten Schuldgefühle: Schuldgefühle gegenüber den Kollegen, die ihretwegen flexibler sein müssen, gegenüber ihrer alten Mutter, die sie für Not-Kinderbetreuungs-Einsätze einspannt, gegenüber dem Ehemann, mit dem sie zu wenig gemeinsame Zeit als Paar verbringt. Aber auch gegenüber dem Kind hat sie Schuldgefühle, weil sie ständig hetzen muss.

Wichtig ist, dass Mütter ihren individuellen Mix aus Job und Familie entwickeln. Rollen und Alltagsorganisation innerhalb der Familie bedürfen der Klärung und klarer Absprachen, damit sich die üblichen Frustrationen nicht aufstauen.

Lena, 35:

„Ich bin eine berufstätige Mutter mit 2 Kindern (5 und 2) und schaffe den Spagat zwischen Beruf und Familie nur, weil meine Eltern im Zweifelsfall hinter mir stehen. Manchmal, das gebe ich zu, komme ich trotzdem an meine Grenzen. Das ist besonders dann der Fall, wenn es mir selbst schlecht geht oder ich schon eine sehr lange Zeit nicht eine Minute für mich hatte. Ich weiß, dass diese Belastungen weniger werden, je größer und selbstständiger

die Kinder werden. Weil mir meine Arbeit viel Spaß macht, ist sie nicht nur Belastung, sondern gleichzeitig eine Kraftquelle für mich. Ich finde es wunderbar, immer neue Eindrücke von außen zu erhalten. Die Thematik rund ums Kind ist zwar schön und wichtig, und ich möchte meine beiden Kleinen nie wieder missen, aber eine Ergänzung durch die Arbeitswelt ist für mich definitiv eine Bereicherung."

Für Lena gehört zur Lebenszufriedenheit und zum Lebensglück offenbar die Kombination aus Berufstätigkeit und Mutterrolle. Aber ein permanentes Doppelleben heutiger berufstätiger Mütter ist enorm anstrengend: Oft stürzen sie in Panik aus dem Büro, weil die Krippen eher Feierabend machen als sie selbst, das latent vorhandene Unverständnis der kinderlosen Kollegen sitzt ihnen im Nacken und nicht zuletzt schmerzt es sie, zu verpassen, wie ihr Kind die ersten Schritte ohne sie macht. Je kleiner die Kinder, desto größer das schlechte Gewissen – gegenüber der Familie genauso wie gegenüber dem Arbeitgeber. All das verträgt sich nicht mit dem Anspruch vieler Frauen, überall perfekt zu sein.

Die Karriere-Mutter

Seitdem eine Mutter mit 7 Kindern u.a. Familienministerin wurde, hat sich die Einstellung zum Lebensentwurf der Mütter verändert, die beides wollen: Mutter sein und Karriere machen. Es ist immer noch schwer, beides miteinander zu vereinbaren, aber beide Ziele schließen sich nicht mehr grundsätzlich aus.

Gut ausgebildete, emanzipierte Frauen erwarten heute vom Leben all das, was für Männer selbstverständlich ist:

einen befriedigenden Beruf und Karriere, eine erfüllte Beziehung, Freizeit und ein anständiges Gehalt. Sobald Paare aber Kinder bekommen, ändert sich alles. Wenn eine Frau dagegen trotz Familie Karriere machen will, braucht sie unerschöpfliche Energie, muss sich gegen Machtspiele am Arbeitsplatz durchsetzen und – nicht nur mehr leisten als ihre männlichen Kollegen, sondern möglichst auch noch attraktiv aussehen.

In ihrem Buch „Karrieremütter: *Vom Glück, Kind und Job zu vereinen*“ [5] interviewt die Autorin Regine Schneider 12 prominente Karriere-Mütter, u. a. Rita Süssmuth, Bettina Tietjen, Bärbel Schäfer und Silvana Koch-Mehrin, die erfolgreich in ihrem Beruf und dabei glückliche Mütter oft mehrerer Kinder sind. Sie haben sich für Kind(er) und Karriere entschieden und das ganz ohne schlechtes Gewissen. Diese Geschichten machen deutlich: Frauen, die arbeiten, tun ihren Kindern gut, denn kein Kind braucht den ganzen Tag seine Mutter um sich. Jenseits der Klischees von „Rabenmüttern“ und „Mutterglucken“ ist dieses Buch zumindest ein beeindruckendes Plädoyer für die Vereinbarkeit von Familie und Beruf.

Beschäftigt man sich eingehender mit Karriere-Müttern, so stellt man jenseits aller Idealisierung fest, dass sie sich oft in einem Dilemma befinden: Spannende Aufgaben im Job erfordern ihren vollen Einsatz mit Überstunden und Reisen. Auf der anderen Seite müssen sie ihre Kinder dann in Fremdbetreuung geben. So setzen sie sich immer noch dem Vorwurf aus, Egomaninnen oder Rabenmütter zu sein.

Raphaela, 42:

„Weibliche Führungskräfte verschwinden bei vielen Personalern vom Radarschirm, wenn sie Kinder bekommen, vor allem, wenn sie länger in Elternzeit sind. Dabei müsste es im Interesse der Betriebe sein, Müttern den Wiedereinstieg zu erleichtern. Bei mir war das Gott sei Dank anders, obwohl ich sicherlich eine problematische Bewerberin war: Ende 30, gerade verheiratet, noch keine Kinder, also Risikogruppe Eins. Wahrscheinlich habe ich mehr Glück als Verstand gehabt, dass ich als promovierte Juristin den Job in der Geschäftsleitung eines mittelständischen Unternehmens trotzdem bekam. Inzwischen habe ich zwei Kinder. Während meiner zweiten Schwangerschaft erhielt ich sogar das Angebot, einen weiteren Geschäftsbereich zu verantworten. Es war für mich kein Nachteil, dass ein zweites Kind auf dem Weg war. Ich habe gesagt, ich möchte beides, Beruf und Kinder, und ich schaffe beides. Wie gut ambitionierte Frauen mit Kind Karriere machen können, hängt meiner Erfahrung nach stark von der Unternehmensphilosophie ab: Ich hatte das Glück, einen Teil meiner Tätigkeit mit Homeoffice abdecken zu können und den Vorteil, im Haus meiner Eltern zu wohnen, die regelmäßig zur Verfügung stehen. Ich kenne aber auch den Druck anderer Karriere-Mütter, wenn die Kinderfrau krank ist oder der Kindergarten früher schließt. Besonders schwierig wird es für sie, wenn Kindergarten oder Schule anrufen, dass das Kind wegen einer laufenden Nase oder einer kleinen Schürfwunde abgeholt werden soll."

Natürlich wurden die Karriereperspektiven berufstätiger Mütter auch wissenschaftlich untersucht:

In dem Projekt *„Karriereperspektiven berufstätiger Mütter*[6] wird untersucht, wie gut sich Karriere und Familie für berufstätige Mütter in Deutschland vereinbaren lässt. Mit dieser empirischen Studie, an der sich 1.801 Mütter aus ganz Deutschland beteiligt haben, wird aufgezeigt, wie schwierig sich Mutterschaft und Karriere in deutschen Unternehmen vereinbaren lassen, mit welchen besonderen Schwierigkeiten berufstätige Mütter zu kämpfen haben und welche Lösungsansätze sie vorschlagen. Aufbauend auf die empirische Studie werden anschließend Handlungsvorschläge sowohl für die karriereorientierten Mütter als auch für die betroffenen Unternehmen herausgearbeitet. Das Projekt Karriereperspektiven von Müttern in Führungsfunktionen in Deutschland soll die Lebenssituation und Interessen von karriereorientierten Frauen mit Kindern in Deutschland aktuell erfassen und verbessern. Ziel des Projektes ist es, das Bewusstsein für die Situation berufstätiger Mütter in deutschen Unternehmen zu schärfen und Verbesserungspotenziale aufzuzeigen, damit künftig mehr Frauen mit Kindern Managementpositionen im Lower-, Middle- und Top-Management innehaben, damit Unternehmen das Potenzial ihrer weiblichen Beschäftigten bestmöglich einsetzen können.

Die Freundin-Mutter

Mit dem Heranwachsen der Tochter zur jungen Frau verändert sich die Mutter-Tochter-Beziehung. Dabei strebt die Mutter nicht selten an, „beste Freundin" ihrer Tochter zu werden, indem sie mit ihr Reisen unternimmt, tanzen geht, das gleiche Outfit (Frisur, Kleidung) wählt, mit ihr Discos oder „Events" von Jugendlichen besucht, die

Sprache der Jugendlichen übernimmt usw. Oft unterscheiden sich Mutter und Tochter kaum. Mit großer Selbstverständlichkeit tragen Mütter, die sich als Freundinnen ihrer Töchter verstehen, Kleidung, zu der man früher gesagt hätte, sie sei dem Alter nicht angemessen: bauchfreie Oberteile, Glitzer-Jeans und Miniröcke oder Leggings in knalligen Farben und ausgefallenen Mustern. Beim Betreten der Geschäfte und Boutiquen, die Mode für Jugendliche anbieten, ist zu beobachten, dass dort auch deren Mütter einkaufen.

Der Jugendlichkeitswahn solcher Mütter kann für diese auch zu sehr negativen Folgen führen: Der Trend zur jugendlichen Mädchenfigur treibt gestandene Frauen zunehmend zu Essstörungen, zum unkontrollierten Hungern oder zu Bulimie, sie hungern ihren Töchtern quasi hinterher. Trotz all ihrer intensiven Bemühungen, der Tochter zu gleichen, können Mütter nicht wirklich „beste Freundin" ihrer Töchter sein, weil Freundschaften auf dem Prinzip der Freiwilligkeit beruhen. Mütter aber kann man sich nicht aussuchen und Töchter auch nicht. Freundschaften sucht man sich auf der Basis von Ähnlichkeiten und gemeinsamen Interessen. Freundschaften kann man kündigen, das Verhältnis zwischen Eltern und Kindern ist dagegen unkündbar.

Ein weiterer Grund dafür, dass eine Mutter nicht wirklich Freundin ihrer Tochter sein kann, ist die bestehende Intimitätsschranke.

Lisa, 18:

Ich habe ein freundschaftliches Verhältnis zu meiner Mutter und verstehe mich gut mit ihr, aber auf einer ganz anderen Ebene, als es bei meiner besten Freundin oder allgemein Freunden der Fall ist. Meine Mutter ist und bleibt meine Mutter, nicht meine Freundin. Ich hätte ehrlich gesagt nicht die geringste Lust, mit ihr über Sex oder sonstige sehr intime Dinge zu sprechen. Ganz im Gegenteil, das wäre mir wirklich unangenehm. Ehrlich gesagt möchte ich später als Mutter auch keine Einzelheiten über das Sexleben meiner Tochter erfahren."

Fanny, 21:

„Ich liebe meine Mutter über alles, kann mit ihr über fast alles sprechen, gehe gern mit ihr shoppen und tratsche auch mal mit ihr. Aber es gibt eben auch Dinge, die sie als meine Mutter nichts angehen und die ich wirklich nur mit meiner besten Freundin besprechen würde."

Wie beide Beispiele zeigen, können Kinder durchaus zwischen freundschaftlicher Beziehung und bester Freundin unterscheiden. Manchen Müttern gelingt das offenbar nicht, vor allen denen, die Probleme mit ihrem Alter haben. Sie geben sich der Illusion hin, durch gleiches Outfit den Altersunterschied kaschieren zu können, indem sie mit ihrer Tochter die „Klamotten" tauschen, die gleichen fetzigen Frisuren tragen wie auch Piercing und Tattoos. Größte Triumphe empfinden sie, wenn ihnen Komplimente gemacht werden wie *„Ihr seht euch zum Verwechseln ähnlich"* oder *„Ich dachte, du wärst die ältere*

Schwester". Das kann für Töchter cool, aber auch extrem anstrengend oder sogar verunsichernd sein.

Die Chaos-Mutter

Ende der 60er Jahre revoltierten weltweit junge Erwachsene gegen die als verkrustet empfundenen Gesellschaftsstrukturen und gegen die „schwarze Pädagogik" ihrer Kriegseltern. Mehr als anderswo beschäftigten sich die 68er in der Bundesrepublik auch mit Erziehungsfragen. Für sie war klar: Der Nationalsozialismus hatte seine Wurzeln auch in einer Erziehung, die auf Unterordnung und unbedingtem Gehorsam fußte.

Nach Ansicht damaliger Aktivisten sollten die nachfolgenden Generationen endlich herrschaftsfrei, also *antiautoritär* erzogen werden. Danach waren strenge Regeln tabu – Kinder sollten ihre Grenzen selbst austesten. Zu Hause herrschte kreative Unordnung. Wildes Toben, Klettern, sich schmutzig machen – alles war erlaubt. Die antiautoritären Eltern ließen sich gern von den Kindern mit dem Vornamen anreden, um vermeintlich gleiche Augenhöhe herzustellen.

Wie sich antiautoritäre Erziehung auswirken kann, erkennt man an dem folgenden Beispiel:

Eine alte Dame steht im Supermarkt an der Kasse, hinter ihr eine Mutter mit einem Kind. Gelangweilt schiebt das Kind den Einkaufswagen hin und her und rammt ihn der alten Dame ständig in die Hacken. Die dreht sich um und bittet die Mutter, dem Kind zu sagen, dass es das unterlassen solle. Darauf die Mutter: *„Ich erziehe mein Kind antiautoritär!"* Hinter der Mutter steht ein junger Mann an der Kasse. Er öffnet ein Glas Honig aus seinem Einkaufswagen und kippt dem Kind den Honig über den Kopf. Die Mutter reagiert entsetzt: *„Sind Sie wahnsinnig? Was machen Sie mit meinem Kind?"* Der junge Mann antwortet cool: *„Ich bin auch antiautoritär erzogen."*

Zugegeben, die Szene, die die Folgen antiautoritärer Erziehung zeigt, fällt etwas drastisch aus. Doch sie zeigt zugespitzt die Ambivalenz dieser Erziehungsmethode.

Einerseits sollten Mütter ihren Kindern genügend Freiheit lassen, um sich entfalten zu können, andererseits müssen sie ihnen Grenzen setzen.

Kinder, die tun durften, was sie wollten, fällt es später oft sehr schwer, zwischenmenschliche Beziehungen zu knüpfen und aufrechtzuerhalten. Außerdem kommt es in der Schule und im Beruf nicht selten zu Anpassungs- und in Folge zu Leistungsproblemen. Es fehlt ihnen oft an Konzentration, Ausdauer und Disziplin.

Die Helikopter-Mutter

Mütter, die quasi wie Hubschrauber über ihren Kindern kreisen, um sie vor Stress, Frust, Ungerechtigkeiten und Zumutungen des Lebens zu bewahren, nenne ich nach Josef Kraus [7] *„Helikopter-Mütter"*.

Helikopter-Mütter wollen nur das Beste für ihre Kinder. Diese Kategorie Mütter übertreibt es nicht nur mit der optimalen Frühförderung und Ausbildung ihrer Kinder, indem sie deren Hausaufgaben minutiös überwachen, sie organisieren sogar Nachhilfe, um das Gute noch zu verbessern. Ihr Optimierungswahn treibt sie dazu an, die

Leistung ihrer Kinder zu steigern, und damit deren vermeintliche Zukunftschancen.

Diese Mütter sind allgegenwärtig, werden regelmäßig bei den Lehrern vorstellig und versuchen, Einfluss auf die Notenvergabe zu nehmen. Wenn die Kinder Klavier üben sollen, ist die Mutter präsent. Selbst der Reitunterricht wird unter den kritischen Augen der Mutter absolviert. Wenn die Tochter Ballett tanzt, überwacht die Mutter die Tochter bei ihren täglichen Positionsübungen an der extra für sie im Haus installierten Übungsstange, ermahnt sie immer wieder wegen ihrer Körperhaltung und achtet bei jeglicher Nahrungsaufnahme auf die Kalorien.

Motivation für solche Mütter ist der Gedanke: *„Egal, was meine Kinder machen, ich werde sie dabei unterstützen, die Besten zu werden!“* Die Kinder werden dann zum „Projekt“ solcher Mütter und damit verantwortlich für deren Erfolgserlebnisse und Erwartungen.

Was sind die Folgen dieser Haltung? Die Überfürsorglichkeit, das Überengagement und die ständige Präsenz von Helikopter-Müttern können sich auf die Entwicklung ihrer Kinder kontraproduktiv auswirken. So geprägte Kinder können sich zu unselbstständigen, unsicheren und passiven Menschen entwickeln, weil sie ja immer geführt wurden und vorgegeben bekamen, was sie wie zu tun hatten. Raum für Experimentelles blieb ihnen nicht und damit wurde auch ihre Kreativität unterdrückt. Solche Mütter nehmen ihren Kindern nicht nur die Chance, sich auszuprobieren und eigene Erfahrungen zu machen, sondern kreisen, wie der Name sagt, wie ein Hubschrauber ständig über ihrem Kind, um seine Bedürfnisse zu erkennen und zu befriedigen und seine Entwicklung zu überwachen.

Fördern, fördern, fördern lautet ihr Credo. Alphakinder und glückliche, erfüllte Sieger sollen ihre Kinder werden. Was von Helikopter-Müttern gut gemeint sein mag, betrachten Psychologen und Wissenschaftler mit großer Sorge, denn mit ihrer Überfürsorge gefährden sie die Entwicklung ihrer Kinder.[8] Helikopter-Mütter übertreiben und projizieren m. E. ihre eigenen Versagensängste auf ihre Kinder.

Von außen betrachtet wirkt das Familienleben von Helikopter-Eltern perfekt. Die Eltern besuchen jede Schulaufführung und jedes Fußballspiel ihrer Kinder, kennen alle Freunde ihrer Kinder und die Berufe der anderen Eltern und wenn die Schulleistungen abfallen, organisieren sie Nachhilfe.

Nach Kraus seien Helikopter-Eltern aber auch immer öfter militant als „Kampf-Hubschrauber“ unterwegs, indem sie die „ungerechte Beurteilung“ der Leistungen ihrer Kinder durch deren Lehrer ahndeten, regelmäßig mit dem Anwalt drohten und Schulen mit Klagen überzögen, weil eine Überidentifikation stattfinde und die Eltern sich durch schlechte Leistungen selbst ungerecht behandelt fühlten.

Zu erkennen seien Helikopter-Eltern daran, dass diese ihr Kind völlig verplanten und deren Leben takteten wie das eines Managers. Seiner Beobachtung zufolge schone man auf der einen Seite Kinder im Übermaß, während man sie auf der anderen Seite durch Förderprogramme dressiere und auch überfordere. Er warnte, dass damit immer mehr Kinder in der „Gluckenfalle“ landeten. Die Folgen seien fatal: eine zunehmende Unselbstständigkeit und eine Hilflosigkeit gepaart mit hohen Ansprüchen. Der Autor beklagt, dass die Kinder keine Zeit mehr hätten, zu spielen und auf Entdeckungsreise zu gehen, und ist davon überzeugt, dass ein normales, anregendes Elternhaus für eine gesunde Entwicklung von Kindern völlig ausreiche. Von der Vielzahl an Förderkursen und Lernprogrammen für die Kleinsten profitierten nur die Anbieter.

Dass Kinder als „Projekt" gesehen werden, zeigt sich auch darin, dass die Universität Münster seit 2004 akademische Wochenenden für die Eltern der Studierenden mit dem ironischen Titel Elternalarm [9] anbietet, womit sie Helikopter-Eltern auch 2014 noch für erwachsene Kinder eine Kontroll- und Überwachungsmöglichkeit gibt.

Die Tiger-Mutter

Eine besonders extreme Ausprägung der Helikopter-Mutter ist die sog. „Tigermutter". Sie ist das krasse Gegenteil zur Chaos-Mutter. Mit Drill, Strenge und absoluter Kontrolle, Strafen und eiserner Disziplin will sie ihre Kinder zum Erfolg führen.

Hierzulande ist dieser Mutter-Typus vor allem durch den Bestseller „Die Mutter des Erfolgs: Wie ich meinen Kindern das Siegen beibrachte" (*„Battle Hymn Of The Tiger Mother")* von Amy Chua [10] bekannt geworden und durch die Autobiografie von Midori. [11]

Tigermütter sind ehrgeizige Mütter, die ihre Kinder drangsalieren und unter Leistungsdruck setzen, um aus ihrem Kind ein Wunderkind zu machen, das bereits als

Kind perfekt Klavier spielt, Ballett tanzt oder andere sportliche Höchstleistungen vollbringt und zur Projektion ihrer eigenen Lebensträume missbraucht wird.

Obwohl in Deutschland, im Gegensatz zu asiatischen Ländern, Kinder nicht die „Lebensversicherung" ihrer Eltern sind, gibt es auch bei uns immer mehr Tiger-Mütter, die die Weichen für ein erfolgreiches Leben ihrer Kinder stellen. Sie begründen ihre Strenge damit, dass sie ihr Kind damit fordern und fördern. Es soll am Ende zur „Elite" gehören.

Die eingeschüchterte Mutter

Eingeschüchterte Mütter wurden meist sehr autoritär erzogen und hatten sich dem Willen ihrer Eltern zu unterwerfen. Die „schwarze Pädagogik" der 50er und 60er Jahre war der Nährboden für Einschüchterung. Die Erziehung und Prägung basierte auf Kontrolle, Angst und Gewalt, was dazu führte, dass kein Selbstbewusstsein aufgebaut werden konnte. Aus Angst, bei den Eltern in „Ungnade" zu fallen, „funktionierten" solche Kinder.

Sigrid, 67:

„Ich bin ein Nachkriegskind, das aber Kriegseltern hatte, die sicherlich durch den Krieg seelisch deformiert waren und fast täglich Gewalt als Erziehungsmittel einsetzten. Ihre Ansagen waren Befehle. Besonders mein Vater konnte seinen Kasernenhofdrill nicht ablegen und glaubte, sich dadurch Respekt und Autorität sichern zu müssen. Wer nicht ‚funktionierte', riskierte, eine Tracht Prügel mit der

‚siebenschwänzigen Katze‘ zu bekommen, und so gehorchten wir Kinder aus Angst, denn wir waren ja unseren Eltern ausgeliefert. So geprägt, geriet ich an einen gewalttätigen Ehemann und glaubte auch noch, seine Gewalttätigkeiten verdient zu haben und selbst schuld zu sein.“

Was Sigrid erlebt hat und beschreibt, ist klassisch: Unbewusst suchen sich Kinder ihre Partner nach dem Muster aus, auf das sie geprägt wurden, selbst dann, wenn sie darunter gelitten haben.

Dass es in Partnerschaften und Ehen Krisen und Streit gibt, ist normal, solange es fair bleibt. Es kann sogar wichtig sein, dass Kinder erleben: Mama und Papa streiten miteinander und vertragen sich wieder. Doch in manchen Familien wird aus Streit seelische oder körperliche Gewalt. Das kommt in allen sozialen Schichten vor, unabhängig vom Einkommen der Eltern, ihrem Beruf oder ihrer Religion.

Oft kommt es dann zu Übergriffen, wenn sich im Leben etwas ändert und die junge Familie plötzlich vor großen Problemen steht, z. B. nach der Geburt eines Kindes, bei Krankheit, Arbeitslosigkeit oder Trennungen. In den allermeisten Fällen sind es Frauen, die von Gewalt bedroht sind, und immer leiden auch die Kinder.

Und warum lassen sich Frauen Gewalt in verschiedenster Form gefallen? Das hat oft – wie das vorausgegangene Beispiel zeigt – mit deren Biografie zu tun. Wenn z. B. bereits die eigene Mutter vom dominanten Ehemann/Vater eingeschüchtert wurde, kann dieses von Kindern erlebte Muster unbewusst in der nächsten Generation erneut wirksam werden, wie folgendes Beispiel zeigt.

Ingeborg, 65:

„Als ich meinen Mann kennenlernte, bewunderte ich seine energische, durchsetzungsfähige Art, die ich schon von meinem Vater kannte. Meine Mutter wagte es nicht, ihm zu widersprechen, und ordnete sich stets unter. Schon kurze Zeit, nachdem mein Mann und ich verheiratet waren, begann er damit, mich nicht nur zu bevormunden und zu demütigen, sondern zu unterdrücken, zu attackieren und zu drangsalieren, und ich ließ es zu – wie ich es von meiner Mutter gelernt hatte. Ich mutierte zu einem verschüchterten kleinen Mäuschen. Erst nachdem ich und unsere Kinder krank geworden waren und sie Verhaltensauffälligkeiten, schulische Probleme, Entwicklungsverzögerungen und Angstzustände entwickelten, gelang es mir, mich und meine Kinder aus dieser Tyrannei zu befreien."

Was Ingeborg erlebt hat, ist häusliche Gewalt, die viele Gesichter und Ausprägungen hat, immer aber bei den Opfern tiefgreifende Spuren zurücklässt. Zumeist betroffen sind Frauen, wobei das nicht ohne Auswirkungen für die Kinder bleibt. Es handelt sich um ganz normale Frauen jeden Alters, jeden Bildungsstands, jeden Aussehens.

Gewalt ist das, was das Opfer als solche empfindet, was verletzt, demütigt und erniedrigt. Im Gegensatz zu Streit, Konflikt oder Auseinandersetzung treffen bei Gewalt zwei ungleiche Machtpositionen aufeinander, bei der sich die eine immer durchsetzt. Dem Gewalttäter geht es um Alleinherrschaft.

Gewalttätigkeiten fangen häufig mit Demütigen, Bloßstellen und Diskriminieren an: *„Meine Frau hat davon sowieso keine Ahnung!", „Du kannst nichts!", „Wie du* *schon aussiehst!"* Mit vielfältigen Mitteln versuchen diese Männer, ihre Frauen psychisch zu destabilisieren und zu isolieren: Sie ziehen über Freundinnen oder Arbeitskolleginnen her oder benehmen sich ihnen gegenüber besonders schlecht. Sie überwachen jeden Schritt ihrer Frauen, sind eifersüchtig, entwickeln Kontrollverhalten, indem sie genausten Bericht verlangen, über alles, was diese machen.

Eine so eingeschüchterte Frau kann sich dann auch nicht mehr zur Wehr setzen, wenn ihr Mann auch körperlich übergriffig wird und sie zum ersten Mal schlägt oder vergewaltigt. Danach gibt es immer Erklärungen: Eifersucht, Alkohol, schlechter Tag, Ärger am Arbeitsplatz, schwere Kindheit, Überforderung oder Vorwürfe: *„Du hast mich provoziert", „Die Kinder waren zu laut",* vielleicht sogar Versprechen: *„Das kommt nie wieder vor!"*

Viele Frauen fangen irgendwann an, selbst das Verhalten des Täters zu entschuldigen. Immer wieder bauen sie die Hoffnung auf, dass es dieses Mal das letzte Mal war, dass von jetzt an alles anders werden würde. Es bleibt aber gleichzeitig die Angst, dass es wieder passiert. Und fast durchweg wird der Partner erneut gewalttätig. Denn: ob er schlägt oder nicht, hängt nicht vom Verhalten der Frauen oder Kinder ab, sondern von seiner Entscheidung dazu.

Der Leidensdruck einer so malträtierten, eingeschüchterten Frau (Mutter) muss schon extrem sein, bis sie die Reißleine zieht und sich und die Kinder vor weiteren Übergriffen schützt.

Linda, 43:

„Ich bin eine zutiefst verunsicherte, eingeschüchterte Mutter, die über Jahre massiver Gewalt ausgesetzt war, zuerst in meiner Herkunftsfamilie, später in meiner Ehe. Immer hoffte ich darauf, dass mein Mann irgendwann mit seinen Schikanen aufhören und nur noch seine ‚guten Seiten' zeigen würde. Ich fühlte mich für alles verantwortlich und schämte mich, versagt zu haben. Vieles habe ich auch ertragen, um Schlimmeres zu verhindern. Ich befand mich in einem Geflecht von Ängsten und Abhängigkeiten und hatte immer Angst vor der Unberechenbarkeit meines Mannes, der oft damit drohte, den Kindern oder sich selbst das Leben zu nehmen.

Erst nach einer psychosomatischen Kur mit entsprechender seelischer Aufrüstung gelang mir der Absprung, den mein Mann allerdings nicht verkraftet hat. Er, der glaubte, alles, vor allem mich, so fest im Griff und unter Kontrolle zu haben, musste erleben, dass ich ihn verließ. Sein Selbstbild geriet ins Wanken.

Meine Erfahrung ist, dass es zwar sehr schwer ist, sich als eingeschüchterte, verunsicherte Frau aus solchen Beziehungen zu lösen, dass man aber auch große Unterstützung finden kann. Ich bin sehr dankbar für die Hilfestellungen, die ich im Rahmen einer Kur bekommen habe. Ohne sie wäre es vermutlich nie gelungen, die Kinder und mich aus diesem destruktiven Umfeld zu befreien. Leider musste mein ältester Sohn bereits mehrfach die Schule wechseln, weil er gewalttätig wurde und Mitschüler zusammenschlug. Er wurde zu Sozialstunden verurteilt und musste eine Anti-Aggressions-Therapie absolvieren. Mir ist bewusst, dass das die Folge erlebter Gewalt ist, und das macht mir ein schlechtes Gewissen."

Nicht selten entwickelt sich aus erlebter Gewalt eine Gewaltspirale und Kinder neigen später als Erwachsene ebenfalls zu gewalttätigem Handeln. Gewalt vererbt sich durch das Vorbild der Eltern weiter.

Die verschiedenen Gewaltformen, die zur Unterdrückung und Einschüchterung angewandt werden, dienen immer dazu, das Rückgrat des Opfers zu brechen und sie in einer Abhängigkeit zu halten. Diese langanhaltende seelische Gewalt schlägt Wunden, die nur schwer verheilen.

Diejenigen, die einer oft jahrelangen Unterdrückung, körperlicher oder seelischer Gewalt ausgesetzt waren, sind so eingeschüchtert und geschädigt, dass sie oft kaum die Kraft haben, ohne Hilfe von außen ihrer ausweglos scheinenden Situation zu entkommen. Lethargie, Hoffnungslosigkeit, Resignation und ein Ergeben in die Situation sind die Folge.

Da häusliche Gewalt darüber hinaus ein Tabuthema ist und bei Bekanntwerden zur Ausgrenzung führt, trauen sich Betroffene nur selten, sich zu offenbaren und Hilfe in Anspruch zu nehmen. Im Gegenteil wird um jeden Preis das Bild einer intakten Familie nach außen aufrechterhalten, besonders dann, wenn strafrechtliche Konsequenzen drohen.

Oft verlängern durch Gewalt eingeschüchterte Mütter bestehende Verhältnisse, auch wenn sie eigentlich unerträglich sind, indem sie wegsehen, weil sie fürchten, im Falle strafrechtlicher Konsequenzen ihre eigene und die Versorgung der Kinder zu verlieren.

3.
Mütter am Pranger
Wie sie es machen, ist es verkehrt

Nach meiner Erfahrung gibt es nur wenige Kinder, die mit ihren Müttern rundum zufrieden sind. Natürlich gibt es auch die harmonische Mutter-Kind-Beziehung, in der sich beide Seiten gleichermaßen wohlfühlen. In den meisten Fällen aber ist dieses Verhältnis belastet durch enttäuschte Erwartungen, Kränkungen und Schuldgefühle. Unzufriedene Kinder machen ihre Mütter verantwortlich für alles, was nicht so toll im Leben läuft, und projizieren eigenes Versagen auf sie.

Was verübeln Kinder ihren Müttern? Die Liste der Vorwürfe, die Kinder gegen ihre Mütter erheben, ist lang, sehr lang. Da ich nicht auf alle möglichen Vorwürfe in diesem Buch eingehen kann, beschränke ich mich auf diejenigen, von denen ich selbst als Mutter betroffen war, und auf jene, von denen in meinen Seminaren und Beratungen immer wieder die Rede ist:

Nämlich von dem Vorwurf:

- das Kind nicht genug geliebt zu haben
- das Kind ungerecht behandelt zu haben
- die Gefühle und Bedürfnisse des Kindes missachtet zu haben
- als Mutter sich nur für sich selbst interessiert zu haben

- das Kind wegen zu hoher Leistungserwartungen überfordert zu haben
- das Kind in der Entwicklung eingeengt zu haben
- das Kind zur Verwirklichung eigener Träume missbraucht zu haben
- der Vorwurf mangelnder Einfühlung und fehlenden Verständnisses
- der Vorwurf, die Ablösungsphase in der Pubertät behindert zu haben
- der Vorwurf, keine Grenzen gesetzt zu haben
- der Vorwurf, das Kind nicht genug beschützt zu haben
- die Lebensentscheidungen der Mutter in Frage zu stellen
- pauschaler Kritik

Der Vorwurf, das Kind nicht genug geliebt zu haben

Kinder sind vollkommen von ihren Eltern, ganz besonders aber von ihren Müttern abhängig und brauchen für eine gesunde Entwicklung nicht nur Nahrung, Kleidung und Wohnung, sondern emotionale Zuwendung ihrer wichtigsten Bezugsperson: Liebe, Geduld, Anerkennung und Aufmerksamkeit, Ermutigung und Trost. Ohne dieses positive emotionale Klima können Kinder sich nicht gesund entwickeln. Kinder brauchen Nestwärme, Herzenswärme und eine starke emotionale Bindung, um gedeihen zu können.

Die Ansprüche, die Kinder an ihre Mütter stellen, sind hoch. Sehr hoch! Kinder erwarten von ihnen, außer Wärme und Geborgenheit, sie so zu akzeptieren, wie sie sind, sie zu ermutigen, den eigenen Weg gehen zu lassen, sie aber zu beschützen und ihnen unter die Arme zu greifen, wann immer das nötig ist.

Kinder erwarten von ihren Müttern die höchste Form der Liebe, *bedingungslose Mutterliebe*. Manchmal überfordern sie mit diesen Erwartungen ihre Mütter und sind frustriert, wenn diese – aus welchen Gründen auch immer – zu dieser grenzenlosen Liebe nicht fähig sind. Dabei schauen sie nur auf das, was sie nicht bekommen haben, und hinterfragen in den seltensten Fällen, warum es ihren Müttern nicht möglich gewesen ist, mehr zu geben.

Selbst wenn Mütter liebevoll sind, kann es sein, dass ihre Kinder – statt umfassender Mutterliebe – Kontrolle, strenge Regeln und einen Haufen überholter Lebensbotschaften aufgebürdet bekommen, die oft unbewusst vermittelt werden und die das komplette Gegenteil von bedingungsloser Liebe sind. Das äußert sich in meist nur indirekt ausgesprochenen Forderungen an die Kinder wie: *„Ich liebe dich, wenn …“*, *„Ich bin stolz auf dich, weil …“*

Durch solche Aussagen lernen Kinder, dass sie für etwas, z. B. für ein bestimmtes Verhalten oder eine bestimmte Leistung, geliebt werden. Aus dem daraus resultierenden Teufelskreis können sich Kinder oft ein ganzes Leben lang nicht befreien. Sie glauben, sich die Liebe ihrer Mütter „verdienen“ zu müssen. Sie starten einen Kampf um diese Liebe, indem sie den Erwartungen der Mütter zu genügen versuchen – und scheitern oft daran. Welche Langzeitfolgen durch eine Mutter entstehen können, die unfähig war, Nestwärme und Geborgenheit zu vermitteln, zeigt folgendes Beispiel:

Hannelore, 62:

„Ich leide bis heute unter der Kaltherzigkeit meiner Mutter. Die Folgen meiner lieblosen, herzlosen Kindheit sind gravierend. Das bezieht sich nachher auf fast alle Belange im weiteren Leben, sei es in Beziehungen und im Beruf.

Ich gehöre zu der Generation der 50er und 60er Jahre. Körperliche Züchtigung war damals ein normales Erziehungsmittel. Trotzdem hat mich diese Vergangenheit bis heute beschäftigt, meine Gefühle beeinflusst, mein Verhalten geprägt, war mitverantwortlich für Ängste, die mich begleiteten, für Beziehungsprobleme, die ich hatte. Irgendwie war dieser Vertrauensbruch meiner Mutter, den ich bei jeder Tracht Prügel schmerzlich empfand, nie mehr aus meinem Leben wegzudenken und übertrug sich auf andere.

Viele Jahre ging ich durchs Leben mit dem Gefühl: Keiner liebt mich! Die Prügel meiner Mutter hatten nicht nur körperliche Spuren hinterlassen, sondern sind bis in meine Seele vorgedrungen. Bei mir hat die Erinnerung daran das Gefühl ausgelöst, keiner sieht mich, keiner mag mich, ich bin böse, ich bin ein Nichts! Denn jedes geprügelte Kind schleppt diesen schmerzhaften Ausdruck von Verachtung, der durch einen schlagenden Elternteil ausgedrückt wird, mit sich herum. Unsicherheit, Vertrauens-

schwund, mangelndes Selbstbewusstsein, Depressionen und Verlustängste waren bei mir die langanhaltenden Folgeschäden dieser züchtigenden Erziehungsmethode."

Dieses Beispiel zeigt, dass es nicht nur an Nestwärme gefehlt hat, sondern dass Kinder körperlicher und seelischer Gewalt ausgesetzt waren.

Kinderseelen können auf vielfältige Art gequält und gebrochen werden und niemand bekommt es mit: der Liebesentzug, der wegen Nichtigkeiten verhängte Hausarrest, das bestrafende Schweigen. Wer registriert schon eine Beschämung, eine Herabsetzung des Kindes? Seelische Gewalt verletzt ein Kind mehr als die inzwischen verbotene „Prügelstrafe". Sie zeigt sich darin, dass Eltern sich dem Kind gegenüber abweisend, abwertend, demütigend und/oder feindlich verhalten.

Besonders schlimm ist es für Kinder, wenn Mütter ihnen nicht die für ihre Entwicklung erforderliche Aufmerksamkeit zukommen lassen und sich ihnen gegenüber desinteressiert, wenig einfühlsam oder abweisend verhalten.

Die Mutter wirkt auf die Kinder gefühllos, unnahbar, ablehnend.

Der Vorwurf, das Kind ungerecht behandelt zu haben

Es ist ganz normal, dass Mütter ihre Kinder ab und zu ungleich behandeln. Wer allerdings ständig zu kurz kommt, leidet manchmal noch sein Leben lang unter dem „Aschenputtelsyndrom".

Das Thema Ungleichbehandlung durch Bevorzugung oder Benachteiligung von Kindern ist aus der biblischen Geschichte von Jakob und seinen Söhnen bekannt und auch die Gebrüder Grimm haben in ihrem Märchen „Aschenputtel“ dieses Motiv aufgegriffen.

Im Alltag ist das Thema jedoch tabu. Kein Vater und keine Mutter geben offen zu, dass der ältere Sohn der Liebling ist oder das kleine Töchterchen der Augenstern, weil von den Eltern erwartet wird, dass sie ihre Kinder gleich behandeln.

Auch wenn Mütter es gern bestreiten, ist es eine Tatsache – und menschlich auch verständlich –, dass die Sympathiewerte auf die einzelnen Kinder unterschiedlich verteilt werden, denn Kinder rufen unterschiedliche Gefühle hervor. Keine Mutter fühlt sich immer zu jedem ihrer Kinder in gleicher Weise hingezogen.

Oft ist zu beobachten, dass Mütter, ohne dass es ihnen bewusst sein muss, ein Kind bevorzugen und ein anderes benachteiligen, ablehnen, schlimmstenfalls sogar ausgrenzen. Der kleine Bruder mit den gold-lockigen Haaren und den strahlenden blauen Augen wird von der Mutter der älteren Schwester vorgezogen. So sehr diese sich auch darum bemüht, die Anerkennung ihrer Mutter zu erringen, muss sie doch erkennen, dass diese den kleinen Bruder mehr liebt und anders behandelt, z. B. nachsichtiger und liebevoller zu ihm ist, ihm mehr Anerkennung zuteil werden lässt und ihm mehr erlaubt. Die ältere Schwester leidet unter der Ungleichbehandlung, empfindet eine Entbehrung und fühlt sich zurückgesetzt, benachteiligt, gekränkt und abgelehnt.

Susan, 38:

„Meine Mutter bevorzugt meinen Bruder und das tut verdammt weh. Das war schon immer so. Als ich geboren wurde, waren meine Eltern mit dem Hausbau beschäftigt, ich lief so nebenbei mit. Ganz anders bei meinem Bruder Mark, der fünf Jahre später auf die Welt kam. Er stand sofort im Mittelpunkt: der Kronprinz, dem besonders meine Mutter zu Füßen lag. Er konnte noch so viel Mist bauen, meine Mutter ließ ihm alles durchgehen, bei mir dagegen wurde alles kritisiert und abgewertet. Aber nicht nur bei der Ungerechtigkeit beim Verteilen von emotionalen Zuwendungen war meine Mutter ungerecht, mein Bruder bekam auch immer wieder Geld zugesteckt, wenn er besondere Wünsche hatte, während ich mir alles erarbeiten musste. Ich liebe meine Mutter, aber diese Ungerechtigkeit ist für mich nicht erträglich."

Was Susan erlebte, ist nicht ungewöhnlich für erstgeborene Mädchen: Sie stecken schon als Kinder oft zurück, der kleine Bruder ist der Kronprinz, die große Schwester muss „funktionieren". Kein Wunder, dass das, worunter sie so sehr gelitten hat, der Mutter später als Vorwurf präsentiert wird, denn ungerecht behandelte Kinder, die strenger und weniger liebevoll behandelt wurden, haben eine Entbehrung erlitten. Ihre Mütter waren nicht nur strenger und ungeduldiger mit ihnen, sondern beschäftigten sich weniger mit ihnen, schenkten ihnen weniger Beachtung und Zärtlichkeit, waren sparsamer mit Lob oder verglichen es ständig mit dem bevorzugten Kind.

Nüchtern betrachtet, ist es „normal", dass Mütter ihre Kinder nicht auf die gleiche Art und Weise lieben können. Eine diesbezügliche Forderung verlangt von ihnen etwas,

was sie nicht leisten können. Aber diese Kenntnis nützt dem benachteiligten Kind herzlich wenig. Es leidet. Mütterliche Zurückweisungen, zumal wenn sie sich über längere Zeiträume fortsetzen, können sich auf Kinder und ihr späteres Erwachsenenleben verheerend auswirken. Zurückweisung, nicht angenommen, geliebt, akzeptiert zu werden, hinterlässt bei Kindern brennende Seelenqualen, die ein Leben lang tiefe seelische Narben hinterlassen. Sie können keine Eigenliebe und Selbstakzeptanz entwickeln. Ihre Sehnsucht nach liebevoller Anerkennung bleibt unerfüllt.

Emotional benachteiligte Kinder haben es später schwer im Leben, denn die frühen Entbehrungen durch Ungerechtigkeit und Benachteiligung träufeln Gift in die Seele der Kinder, beeinträchtigen ihre Persönlichkeitsentwicklung und ihre Fähigkeit, ein glückliches Leben zu führen. Noch als Erwachsene leiden sie unter den Gefühlen von Minderwertigkeit, Wut und Enttäuschung, aus denen sie Vorwürfe gegen ihre Mütter richten.

Nicht selten kämpfen so geprägte Kinder ein Leben lang um Anerkennung und um die Rangordnung der Liebe, die sie oft mit erhöhtem Einsatz zu ihren Gunsten zu verändern suchen. Am Ende müssen sie aber erkennen, dass z. B. Mamas Liebling nach wie vor der jüngere Bruder ist, der sich verwöhnen lässt, ohne eine Gegenleistung dafür zu erbringen.

In jeder Familie mit mehreren Kindern gibt es ein Kind mit der Position „schwarzes Schaf", das allein wegen seines Andersseins benachteiligt, gemobbt und ausgegrenzt wird. Der Psychologe Peter Teuschel[12] beschreibt in seinem Buch *„Das schwarze Schaf – Benachteiligung und*

Ausgrenzung in der Familie" die Folgen von Ausgrenzung und Benachteiligung in der Familie. Es tut nicht nur weh, als ungeliebtes Kind das „schwarze Schaf" zu sein und ausgegrenzt zu werden, es überschattet meist auch das weitere Leben der Betroffenen, wirkt sich auf ihr Selbstwertgefühl und ihre Beziehungen aus. Teuschel schildert die vielen Facetten seelischer Gewalt von ungerechter Behandlung und systematischer Benachteiligung in der Familie bis hin zu häuslicher Schikane und Ausgrenzung.

Der Vorwurf der Missachtung kindlicher Gefühle und Bedürfnisse

Sehr häufig hört man den Vorwurf von Kindern, dass ihre Mütter mit ihren Gefühlen nicht richtig umgegangen seien, sie nicht ernst genommen oder gar missachtet hätten. Kinder wünschen sich von ihren Müttern, in ihren Gefühlen ernst genommen zu werden.

Wenn ein Kind z. B. bei einem Gewitter sagt: *„Ich habe Angst"*, dann ist es nicht gut und auch nicht beruhigend für das Kind, wenn die Mutter sagt: *„Du brauchst doch keine Angst zu haben."* Mit diesem Satz wird das Gefühl des Kindes nicht ernst genommen, denn seine Wahrnehmung wird in Frage gestellt. Besser wäre es zu sagen: *„Ich verstehe, dass du Angst hast, wenn es blitzt und kracht. Ich habe früher auch Angst vor einem Gewitter gehabt. Heute weiß ich, dass nichts passieren kann, weil wir einen Blitzableiter auf dem Haus haben."*

Ganz besonders schlimm ist es für Kinder, wenn ihre Gefühle lächerlich gemacht werden und sie als Angsthase, Weichei oder Heulsuse bezeichnet werden oder wenn ihnen ihre Gefühle ausgeredet werden, z. B. „... *das ist doch gar nicht so schlimm.*" Kinder lernen dann, dass ihre Gefühle unberechtigt und lächerlich sind. Sie werden verunsichert und lernen nicht, ihren Gefühlen zu vertrauen. Ihre Gefühle als wichtigste Instanz, die ihnen Gefühlssicherheit vermitteln könnte, werden verunsichert.

Martin, 59:

„Ich stamme aus streng katholischem Elternhaus und lernte, dass man manche ‚verbotene Gefühle' nicht haben durfte, weil es ‚Todsünden' waren, z. B. Neid, Geiz, Zorn, Hass, Rache. Wenn man sie trotzdem spürte, musste man sie verleugnen, verdrängen oder beichten. Besonders meine Mutter mache ich dafür verantwortlich, dass sie mir den natürlichen Umgang mit meinen Gefühlen unmöglich gemacht hat und dass ich mich immer schuldig fühle und ein schlechtes Gewissen habe."

Roland, 45:

„Es fällt mir schwer, die Gefühle zu zeigen, die mich mit meiner sensiblen Seite in Verbindung bringen, zum Beispiel Angst, Trauer, Scham, Unsicherheit und Selbstzweifel. Meine Mutter war eine eher rustikale Frau, der es nicht gefiel, dass ich so sensibel war. Sie hat mich als ‚Weichei' bezeichnet, wenn ich geweint habe. Sie war noch geprägt von der Vorstellung, dass ein Mann nicht zu weinen hat, sondern ein ‚Macher' ist. Sie hat mich wegen meiner Sensibilität oft verspottet und lächerlich gemacht."

Wenn ein siebzehnjähriger Sohn in Tränen aufgelöst ist, weil seine erste große Liebe mit ihm Schluss gemacht hat und seine Mutter – statt ihn zu trösten – nur Unverständnis durch unsensible Bemerkungen zeigt, wie z. B. *„ist doch nicht so schlimm, andere Mütter haben auch noch schöne Töchter"*, wird der Sohn die Missachtung seiner Gefühle nie mehr vergessen.

Stürze und Verletzungen erschrecken oder tun weh und Mütter müssen das, was ein Kind erlebt und fühlt, ernst nehmen und es trösten. Und doch tun sich manche Mütter so schwer damit, ihre Kinder zu trösten. Sie glauben, ein Kind zu verziehen oder zu verweichlichen, wenn man es oft in den Arm nimmt und auch bei „Kleinigkeiten" tröstet.

Silvana, 31:

„Wenn meine Schwester oder ich uns gestoßen oder sonst wie verletzt haben, dann sind wir zu Mama gerannt. Mama hat sich dann immer die Stelle angeschaut, ggf. ein Pflaster geholt oder gefragt (wenn es keine offene Wunde ist): ‚Soll ich pusten?'. Und dann hat sie gepustet und im Anschluss so wunderbar schräg gesungen:

> ‚Heile, heile Gänsje,
> is bald widder gut,
> es Kätzje hat e Schwänzje,
> es is bald widder gut,
> heile, heile Mausespeck,
> in hunnerd Jahr is alles weg.'

Die letzte Zeile empfand ich immer als etwas gemein, aber auch lustig. Und so sind wir dann schnell, mit vergessenem Schmerz, wieder zum Spielen weitergerannt."

In vielen Familien gibt es eine Trost-Tradition: Ein aufgeschürftes Knie wird mit Pusten, einem „Heile, heile Gänschen" und einem Trostpflaster mit bunten Luftballons drauf behandelt, heißer Kakao bei der Oma auf dem Sofa hilft gegen den Schreck vor dem Nachbarshund, ein verheulter Abend mit der besten Freundin an der Seite und eine große Packung Walnusseis bringt heilsamen Trost bei so manchem Liebeskummer.

Kristin, 37:

„Während einer Psychotherapie habe ich mir zum ersten Mal richtig Gedanken darüber gemacht, warum es mir schwerfällt, enge Bindungen einzugehen. Bei der Analyse trat zutage, dass meine emotionalen Bedürfnisse vernachlässigt wurden und dann verkümmert sind. Ich war ein sehr angepasstes Kind, das gut funktionierte und immer das Gefühl hatte, sich die Liebe der Mutter verdienen zu müssen. So sehr ich mich auch anstrengte, meine Sehnsucht, um meiner selbst willen geliebt zu werden, einfach mal in den Arm genommen zu werden, blieb unerfüllt. Ich habe oft eine Wut auf meine Mutter, die meine emotionalen Bedürfnisse ignoriert hat, und ich deshalb mit fast 40 Jahren immer noch Probleme habe, offen für andere Menschen zu sein, und immer noch glaube, nicht liebenswert zu sein und mir Liebe verdienen zu müssen."

Kristins Beispiel zeigt, wie wichtig es für die Entwicklung des kindlichen Selbstbildes ist, von den Eltern, besonders von der Mutter, vermittelt zu bekommen, liebenswert zu sein.

Eine Missachtung kindlicher Gefühle und Bedürfnisse liegt auch vor, wenn Kinder *manipuliert* und zu Erfüllungsgehilfen elterlicher bzw. mütterlicher Wünsche und Erwartungen werden. Psychologen nennen das „emotionalen Missbrauch“. Dabei geht es darum, dass Kinder gehindert werden, einen eigenen Willen zu entwickeln. Sie tun das, was ihre Eltern wollen oder erwarten.

Das folgende Beispiel schildert die Manipulation eines Kindes durch seine Mutter mit dem Ziel, sich mit ihr gegen den Ehemann (Vater) zu solidarisieren.

Manuel, 37:

„Weil die Beziehung zu meinem Vater extrem schwierig war und ich nicht länger als Schutzschild meiner Mutter missbraucht werden wollte, brach ich den Kontakt zu meinen Eltern ab. Die Ehe meiner Eltern war nicht besonders gut. Aus heutiger Sicht würde ich sogar sagen, dass meine Eltern nicht sehr gut zusammengepasst haben. Mein Vater war sehr dominant und der Bestimmer. Meine Mutter war sehr sensibel und schwach und verfügte nicht über die Fähigkeit, sich meinem Vater zu widersetzen. Ihr Widerstand erfolgte allenfalls subtil. Mich benutzte meine Mutter als Verstärkung, was allerdings einen Preis hatte: Vorbehalte gegen meinen Vater. Die Fronten waren klar.

Ich nehme meiner Mutter übel, dass sie mich funktionalisiert hat, wodurch die Beziehung zu meinem Vater nach-

haltig gestört wurde. Irgendwann habe ich gegenüber meinem Vater innerlich ‚dichtgemacht' und ihn – so sehr er sich auch um eine gute Beziehung zu mir bemühte – ‚abblitzen' lassen. Er war für mich ein Feind und ich habe ihm als Beschützer meiner Mutter keine Chance gegeben. Die Beziehung zwischen ihm und mir ist so nachhaltig gestört, dass ich auch heute keine Hoffnung habe, dass sich das irgendwann verbessern könnte. Als Erwachsener sehe ich heute ganz klar, dass meine Mutter schuld ist an dieser Situation."

Die vorausgegangenen Beispiele zeigen, dass Gefühle und Bedürfnisse ernst genommen und ausgedrückt werden wollen, denn wenn sie ignoriert oder verdrängt werden, verschwinden sie nicht, sondern sammeln sich an und kommen immer wieder an die Oberfläche.

Normalerweise missachten Mütter nicht vorsätzlich die Bedürfnisse und Gefühle ihrer Kinder. Meist tun sie es unbewusst, weil sie durch ihre Prägung (Erziehung) gelernt haben, sich selbst, eigene Bedürfnisse und Gefühle nicht so wichtig zu nehmen bzw. zu ignorieren.

Die Folgen der Missachtung ihrer Bedürfnisse und Gefühle begleiten viele Kinder ein Leben lang. Ihr Selbstwertgefühl und die Entwicklung ihrer eigenen Identität wurden nachhaltig geschädigt. Den wenigsten Müttern ist das bewusst, und umso fassungsloser sind sie meist, wenn Vorwürfe gegen sie erhoben werden, auf die sie meist verständnislos und gekränkt reagieren oder sich Vorwürfe machen, alles falsch gemacht und versagt zu haben.

Zu den verwandten Themen des emotionalen Missbrauchs siehe unter Teil I, Kapitel 3, Unterkapitel *„Der Vorwurf, das Kind wegen zu hoher Leistungserwartungen* *überfordert und für eigene Träume missbraucht zu haben"* und *„Der Vorwurf, in der Entwicklung eingeengt worden zu sein."*

Der Vorwurf, sich nur für sich selbst interessiert zu haben

Dieser Vorwurf richtet sich vor allem gegen berufstätige Mütter, also die Typen alleinerziehende, nicht alleinerziehende und gegen die Karriere-Mutter. Der Vorwurf, sich nur für sich selbst interessiert zu haben, ist der klassische Vorwurf, dass die Mutter egoistisch gewesen wäre.

Egoismus bedeutet Selbstsucht, Ichsucht, Eigennutz. Egoismus bezeichnet ein rein eigennütziges Handeln. Jemand tut etwas aus der Motivation heraus, dass er sich daraus einen Vorteil erhofft, wenn es sein muss auch auf Kosten anderer. Leider ist in unserer Gesellschaft der Begriff Egoismus negativ besetzt. Wer sich egoistisch verhält, wird deshalb verurteilt.

Egoismus ist ein Bestandteil unseres Selbsterhaltungstriebes. Als gesunden Egoismus bezeichne ich eine Form des Egoismus, der auch die Interessen anderer berücksichtigt. (Der Gegensatz zum Egoismus ist der Altruismus, bei dem nur die Interessen anderer berücksichtigt werden.) Jeder Mensch ist also bis zu einem gewissen Punkt egoistisch.

Oft wird aber auch etwas für egoistisch erklärt, was objektiv gesehen nicht egoistisch ist, wie folgendes Beispiel zeigt:

Freya, 62:

„Meine Tochter (39) hat mir vorgeworfen, egoistisch zu sein, mich nur für mich selbst und meine Karriere interessiert zu haben. Immer sei es nur um mich gegangen.

Was war der Hintergrund? Ich war bereits mit 34 Jahren geschieden und hatte zwei Kinder und somit keine andere Wahl: Ich musste arbeiten gehen und meine Berufstätigkeit irgendwie mit dem Familienleben unter einen Hut bringen. Ich habe mich also nicht bewusst für Berufstätigkeit und damit gegen das Modell der ‚Vollzeit-Mutter' entschieden, sondern musste arbeiten gehen, um den Familienunterhalt zu verdienen."

Aber nicht nur Berufstätigkeit wird Müttern als Selbstverwirklichung und Befriedigung ihrer Karrieregelüste vorgeworfen, sondern auch, wenn sie sich eigene Bedürfnisse erfüllen, z. B. sich Freiraum verschaffen, um in die Sauna oder ins Fitness-Studio zu gehen, sich mit einer Freundin treffen oder sich zurückziehen, um ein Buch zu lesen.

Wie Kinder ihre Karriere-Mütter bewerten, darüber ist leider wenig zu finden. Ich erlebe gelegentlich in meinen Seminaren, dass sich Kinder über das berufliche Engagement ihrer Mütter und die damit einhergehenden Abwesenheit der Mütter in der Familie beklagen und darüber, dass sie nie da gewesen seien, wenn sie sie gebraucht hätten. Es gibt aber auch Kinder, die ihre frühe Selbstständigkeit infolge der Karriere ihrer Mütter auch durchaus positiv bewerten und die selbst erfolgreich sind, weil sie diesen unbedingten Willen zum Erfolg vom Vorbild ihrer Mütter übernommen haben und dadurch motiviert wurden.

Corinna, 41, wirft ihrer Mutter vor, eine „Egoistin ersten Ranges“ zu sein:

„Meine Mutter zieht alles zielorientiert durch, was ihr wichtig ist. Immer geht es nur um sie und um das, was ihr wichtig ist. Ich komme mir in ihrem Leben als Statistin, manchmal auch als ihr erfolgsorientiertes Projekt vor. Sie hat mich bereits als Säugling, 6 Wochen nach meiner Geburt, in eine Fremdbetreuung gegeben, um wieder arbeiten gehen und Karriere machen zu können. Sie hatte auch kein Problem damit, mich einem Kindermädchen zu überlassen, um sich Freiraum für ihre Bedürfnisse zu schaffen, z. B. um in die Sauna zu gehen oder sich mit Freundinnen zu verabreden.“

Es ist offensichtlich, dass Corinna sich durch ihre Mutter vernachlässigt gefühlt hat, was sie ihr auch vorwirft.

Besonders prominenten Müttern, die trotz Kind(ern) nicht auf ihre berufliche Karriere verzichten wollten (Typ Karriere-Mutter), wurde rücksichtsloser Egoismus zu Lasten ihrer Kinder unterstellt. So ging es auch Rita Süssmuth, und das zu einer Zeit, in der es noch unpopulär war, trotz Mutterschaft berufstätig zu sein. Rita Süssmuth hatte ihre erste Stelle als Dozentin an einer Hochschule bekommen und wurde schwanger. Doch die promovierte Philosophin dachte nicht daran, ihren Job aufzugeben. Sechs Wochen nach der Geburt stand sie wieder vor den Studenten, was in den 60er Jahren keine Selbstverständlichkeit war. Später schlug Rita Süssmuth eine Politiklaufbahn ein, wurde Bundesministerin für Jugend, Familie und Gesundheit und amtierte zehn Jahre lang als Präsidentin des Deutschen Bundestages. Die Arbeit wegen des Kindes aufzugeben, war für die CDU-

Politikerin nie ein Thema. Doch sie gibt heute zu, dass ihre Tochter darüber nicht immer glücklich war. Erst in der Oberstufe des Gymnasiums habe sie damit umgehen können.

Rücksichtsloses, egomanisches Karrierestreben wirft auch Eva, 29, ihrer Mutter vor:

„Meine alleinerziehende Mutter hat mich zwar zur Welt gebracht, aber sie war egoistisch und karrierebesessen, musste sich ständig durch Leistung beweisen. Sie hat mich in Fremdbetreuung gegeben, um Karriere zu machen und um sich selbst zu verwirklichen. Sie hat mich ihrem Lebensprogramm gnadenlos unterworfen. Ihr Programm bestimmte alles. Immer ging es nur um sie und was für sie vorteilhaft oder ungünstig war. Ich hatte immer das Gefühl, ihr lästig zu sein. Sie war nie da, wenn ich sie gebraucht hätte, und ihr Vertröstungszauberwort war ‚gleich', wann immer das auch sein mochte. Ich habe sie in Erinnerung als D-Zug-Mutter, immer auf der Jagd danach, was noch gut sein könnte für sie und ihre Karriere. Immer, wenn sie mal wieder ‚on Tour' war, wurde ich irgendwo zwischengeparkt, neben Kita und Hort bei meiner Oma, bei einer Nachbarin oder einer Freundin. Ich kam mir vor wie ein Möbelstück, das – je nach ihren Bedürfnissen – hier oder da hingerückt wird. Als ich irgendwann begann, aufsässig zu werden und zu rebellieren, musste ich dann in ein Internat und durfte nur noch während der Ferien nach Hause kommen. Aber auch dann war ich mir selbst überlassen."

Bei diesem Beispiel fällt hier auf, wie häufig das Wort „immer" gebraucht wird (siehe Teil I, Kapitel 3, Unterkapitel „*Die Pauschalabwertung der Mutter*").

Warum war Evas Mutter so, wie sie war? Die genauen Motive und Hintergründe sind unbekannt. Es könnte aber sein, dass das, was die Tochter als „karrieregeil" und egoistisch oder sogar rücksichtslos empfunden hat, mit einer tief sitzenden Existenzangst zu tun hatte, nicht versagen zu dürfen, immer besser zu sein als andere, weil sie allein für das Familieneinkommen und die Existenz verantwortlich war.

Der Vorwurf, das Kind wegen zu hoher Leistungserwartungen überfordert und für eigene Träume missbraucht zu haben

Diese Vorwürfe wenden sich gegen perfektionistische Tiger-Mütter. Es handelt sich in der Regel um Mütter, die von ihren Kindern verlangen, perfekt zu sein. Die hohen Leistungserwartungen überfordern oft die Kinder und es entsteht bei ihnen dann das Gefühl, nicht „richtig", nicht gut genug zu sein.

Durch die Konditionierung ihrer Mütter werden Kinder dann selbst von der Fehlhaltung befallen, alles perfekt machen zu müssen, um durch sehr gute Leistungen anerkannt zu werden. Das führt bei Kindern dazu, dass sie sich permanent überfordert fühlen und meist unter großem psychischen Druck und Anspannung leiden. Sie können schlecht abschalten, finden kein Ende bei der Arbeit, weil es immer noch etwas zu verbessern gibt, können nicht entspannen und schon gar nicht ihre Erfolge und Leistungen genießen.

Diese Fehlhaltung entwickelt sich bereits in den ersten Lebensjahren. Entweder gibt die Mutter ihrem Kind das

Gefühl, liebenswert zu sein, wenn es viel leistet und Erfolg hat, oder sie gibt ihm generell das Gefühl, nicht in Ordnung zu sein, wenn es ihre Erwartungen nicht erfüllt. Deshalb glaubt der Perfektionist, nur als fehlerloser Mensch von anderen gemocht zu werden, und deshalb kann er sich selbst nur dann annehmen und mit sich zufrieden sein, wenn er fehlerlos ist und immer das Maximum erreicht.

Besonders tragisch ist es, wenn Kinder unter äußerster Anstrengung versuchen, die Erwartungen ihrer Mütter zu erfüllen, ihre Leistung aber nicht gewürdigt wird.

Die Erfüllung mütterlicher Erwartungen kann noch bis ins hohe Alter eine Rolle spielen und Denken und Handeln der Kinder steuern und belasten.

In einem Seminar erzählte eine Teilnehmerin:

Vera, 39:

„Ich hadere immer mit mir selbst und habe immer das Gefühl, nie gut genug zu sein, immer Angst, zu versagen oder es nicht ‚richtig' zu machen. Vor allem meine Mutter gibt mir immer dieses Gefühl. Nichts ist ihr recht, an allem nörgelt sie herum. Nie kommt von ihr ein Lob und das war schon immer so. Ich denke, daraus resultiert der Ursprung meines Problems. Ich hechele regelrecht nach Anerkennung, vor allem meiner Mutter gegenüber. Doch egal wie gut ich auch bin oder was ich erreicht habe, es ist nie genug und wird immer noch abgewertet. Meine Mutter findet immer ein Haar in der Suppe."

Irgendwann, wenn die Kinder erkannt haben, dass sie eigentlich immer unter den überzogenen Ansprüchen der Mutter gelitten haben, entladen sich ihre angestauten Spannungen in aggressiven Vorwürfen, die aber, wie man sich denken kann, bei der Mutter mindestens anfangs auf Unverständnis stoßen.

Manchmal haben die überzogenen Erwartungen der Mutter an das Kind ganz besondere Motive: *die Verwirklichung eigener Träume.* Ich kenne viele Kinder, die speziell ihren Müttern vorwerfen, sie zu etwas gedrängt zu haben, was sie eigentlich nicht wollten, um auf diese Weise ausgesprochene oder unausgesprochene „Aufträge" zu erfüllen. Sie haben unter dem damit verbundenen Erfolgsdruck und oft auch unter Versagensängsten gelitten, um sie nicht zu enttäuschen und etwas erreichen zu müssen, was ihre Mütter selbst nicht erreichten.

Sarah, 35:

„Meine Mutter wollte selbst immer als Tänzerin Karriere machen. Ihren Traum drängte sie mir auf, indem sie mich schon in ganz frühen Kindheitsjahren zu übermäßig strengem Balletttraining zwang, obwohl ich weder Interesse noch Eignung hatte. Ich wurde zur Erfüllungsgehilfin ihrer Wünsche und sollte stellvertretend für ihre Befriedigung sorgen. Meine Mutter hoffte, ich würde an ihrer Stelle etwas leisten, berühmt werden und der Glanz des Ruhmes werde dann auch auf sie fallen. Nach meinen Wünschen und Bedürfnissen wurde nie gefragt. Ich habe mich beim Ballett nie wohlgefühlt, es sogar als Tortur empfunden und hätte stattdessen lieber mit anderen Kindern draußen gespielt und Baumhäuser gebaut."

Infolge der strengen Erziehung durch die Mutter schaffen es die Kinder manchmal tatsächlich zu außerordentlichen Leistungen und sogar, berühmt zu werden, wie es sich ihre Mutter erträumt hatte. Aber der Missbrauch hinterlässt tiefe Spuren in ihrer Seele und, wenn sie nicht daran zerbrechen, kommt es irgendwann zu einer Abrechnung mit der Mutter.

Ehrgeizige Mütter, die ihre Kinder überfordern, drangsalieren und unter Leistungsdruck setzen, um aus ihrem Kind ein Wunderkind zu machen, das bereits perfekt Klavier spielt, Ballett tanzt oder andere sportliche Höchstleistungen vollbringt, missbrauchen ihre Kinder, indem sie ihre eigenen Lebensträume auf ihre Kinder projizieren. Zunächst merken solche Kinder nicht, was mit ihnen geschieht. Spätestens in der Phase der Pubertät aber beginnen sie zu rebellieren, weil sie erkennen, worum es geht, eben meist nicht um ihre Bedürfnisse. Dann erheben sie oft schwere Vorwürfe gegenüber ihren Müttern.

Viele Mütter sind beseelt von der Vorstellung, dass, wer Erfolg haben will, viel investieren muss, auch schon in jungen Jahren. Sie erinnern sich vielleicht noch an die Eislauflegende Marika Kilius, die in einem Interview zugab, eine „ehrgeizige Eislaufmutti" gehabt zu haben, die sehr erfolgsorientiert gewesen sei. Sie habe sie nach Marika Rökk benannt und dieser Vorname sei für sie zum Lebensprogramm geworden.

Ein weiteres Beispiel ist die japanische *Violinistin Goto Midori*, die von ihrer ehrgeizigen Tiger-Mutter zu Höchstleistungen getrimmt wurde:

Alles beginnt in Osaka in den frühen 70er Jahren. Midori bekommt bereits mit drei Jahren eine Violine in die Hand gedrückt. Mit vier beginnt der tägliche Unterricht bei der Mutter, die selbst Violinistin ist. Midori spielt alleine, hat keine Zeit für Freunde. Die Ehe der Eltern scheitert. Jetzt hat die Mutter nur noch das hochtalentierte Kind, durch das sie ihren ganzen Ehrgeiz befriedigen will. „Hast du geübt?" Diese ständig wiederkehrende Frage ihrer Mutter überschattet Midoris Erfolg, sie wird zum Alptraum.

Bereits mit elf ist sie Solistin bei dem New York Philharmonic Orchestra. In ihrer Autobiografie erzählt sie, wie Isaac Stern oder Leonard Bernstein sich um sie als kleines Naturtalent rissen. Doch der Druck, der auf ihr lastet, der Fluch der Perfektion macht sie krank. Mit 20 erleidet Midori einen Zusammenbruch. Essstörungen, Schlaftabletten, Depressionen, Psychotherapien folgen. Midori reagiert mit Musikverweigerung. Sechs Jahre rührt sie ihre Geige nicht mehr an.

Midori schreibt, sie habe ihrer Mutter um jeden Preis gefallen wollen, und zwar durch Arbeit und Disziplin. Irgendwann habe sie gespürt, dass das zu einer Obsession geworden sei. Seitdem habe sie einen „inneren Aufpasser" gehabt, der mit den Worten ihrer Mutter zu ihr gesprochen habe. Nach einer langen Psychotherapie war sie vom Zwang, ihrer Mutter zu gefallen, befreit und konnte sagen: „Ich will nicht mehr spielen!" Sie nahm in New York ein Studium auf und begann zu schreiben. Zum ersten Mal erlebte sie, dass sie mehr konnte, als Geige spielen. Heute gibt sie wieder weltweit Konzerte, doch das Verhältnis zur Mutter bleibt schwierig.

Auch die legendäre Sopranistin Maria Callas [13] war ein Opfer ihrer ehrgeizigen, geltungsbedürftigen Mutter. Das Leben der Operndiva Callas war einerseits erfolgreich, andererseits tragisch bis hin zu ihrem frühen Tod mit 53 Jahren. Bereits frühzeitig stellte sich ihre musikalische Begabung heraus. Im Alter von acht Jahren erhielt Maria Gesangsunterricht. Dahinter stand der Ehrgeiz ihrer Mutter, den sie auf ihre talentierte Tochter übertrug, um durch sie prominent zu werden. Es wurde keine Kindershow, keine Radiosendung oder kein Wettbewerb ausgelassen, um Maria zu präsentieren und zu vermarkten, und wann immer sie jemanden fand, der zum Zuhören bereit war, musste Maria vorsingen.

„Gegen dergleichen sollte man Gesetze erlassen", sagte Maria Jahre später voll Bitterkeit. *„Ein Kind, mit dem man so verfährt, altert vorzeitig. Man beraubt es seiner Kindheit."* Die Liebe, die Maria als Kind empfing, war eindeutig an Bedingungen geknüpft. *„Nur wenn ich sang, fühlte ich mich geliebt"* [14] sagte sie einmal.

Der krankhafte Ehrgeiz der Mutter überträgt sich schließlich auf Maria. Sie entwickelte ihre musikalische Begabung mit eisernem Willen und harter Disziplin. Sie machte ihre Stimme und ihre Gesangstechnik zu ihren Waffen, um größtmögliche Aufmerksamkeit zu bekommen, stürzte sich verbissen in die Rollen, in den Kampf und auf das Schlachtfeld der Oper.

Wenn Kinder wie in den vorangegangenen Beispielen zur Projektion ehrgeiziger Mütter werden, ist das für sie oft die Hölle.

Das Kind, das zum Üben z. B. eines Musikinstrumentes, zu Höchstleistungen im Eiskunstlauf oder im Ballett gezwungen wird, ist der Mutter wehrlos ausgeliefert. Es wird gezwungen, z. B. stundenlang allein in einem Zimmer Klavier zu üben. Dem Kind wird von der Mutter suggeriert, dass sein Glück im Applaus und im Erringen von Preisen bei Wettbewerben bestünde. Gleichzeitig aber kommen andere, möglicherweise vorhandene Begabungen des Kindes überhaupt nicht zur Entfaltung.

Zum Abschluss dieses Themas ein Fall aus meiner Beratungspraxis:

Cindy, 41:

„Ich bin auch ein Opfer einer ehrgeizigen Mutter, die mich regelrecht gedrillt hat, Geige zu üben und eine Musikkarriere zu machen, von der sie selbst immer geträumt hat. Es ging nicht darum, meine Begabung zu fördern, sondern darum, dass ich etwas für sie erreichen sollte, was sie selbst nicht geschafft hat. Dafür war ihr keines meiner Opfer zu groß. Am Ende war ich völlig isoliert und vereinsamt, ohne Freunde, weil ich ja immer üben musste und keine Zeit zum Spielen hatte. Meine Mutter hat mir meine Kindheit gestohlen."

Der Bruch mit der Mutter erfolgte, nachdem bei mir eine innere Entzündung des linken Daumen-Grundgelenks und eine Rückgratverkrümmung („Skoliose") festgestellt wurde, was vom vielen Musizieren herrührte.

Es handelt sich in diesem Fallbeispiel um *emotionalen Missbrauch* des Kindes, weil die Mutter ihre Tochter zur Verwirklichung ihrer eigenen Träume und Erwartungen benutzt und ihr dadurch Raum für ihre eigene Entwicklung nimmt. Solche Mütter werden auch als narzisstisch bezeichnet. Das Kind hat in einer solchen Beziehung die Aufgabe, die Erwartungen und unerfüllten Träume der Mutter zu erfüllen. Zuwendung erfährt es nur, wenn es den Erwartungen der Mutter entspricht. Autonomiebestrebungen des Kindes werden unterbunden und mit der Erzeugung von Schuldgefühlen bestraft. Jedes Abweichen von den Erwartungen der Mutter wird von ihr als verletzender oder aggressiver Akt, als Ausdruck des Verrats empfunden.

Eine Seminarteilnehmerin schildert ihre Erfahrung mit ihrer narzisstischen Mutter:

Anita, 47:

„Erst mit Hilfe einer Therapie gelang es mir, mich von meiner Mutter zu befreien, die davon überzeugt war, mich besser zu kennen, als ich mich selbst. Besser als ich glaubte sie zu wissen, was ich wirklich denke, fühle, will und brauche und was ich demzufolge zu denken, zu fühlen, zu wollen und zu tun habe. Es reichte ihr aber nie, dass ich mich ihren Erwartungen beugte. Sie manipulierte mich, dass ich am Ende selbst wollte, was ich sollte, nämlich, mich mit dem Bild, das sie von mir entworfen hatte, zu identifizieren, so wesensfremd mir das auch erschien."

Am Ende ist das auf das Wohlwollen seiner Mutter angewiesene Kind gezwungen, ihre Sichtweise und Interpretation zu übernehmen, um drohende Konflikte zu vermeiden. Das führt für solche Kinder zu zwei schlimmen Auswirkungen: Zu der emotionalen Verlassenheit durch die Mutter tritt bei dem Kind eine Selbstentfremdung ein.

Narzisstische Mütter sprechen ihren Kindern ein Recht auf ein eigenes Ich ab. Durch die Erfahrung, dass in einer Beziehung zu einem anderen Menschen immer nur Platz für ein Ich ist, kann ein narzisstisch missbrauchtes Kind sich später die Beziehungen zu anderen Menschen nur in

Form von Unterwerfung oder Herrschaft vorstellen. Da sie Liebe als Mittel zum Zweck in Form von Ausbeutung, Manipulation und Kontrolle kennengelernt haben, können solche Kinder Nähe und Intimität nicht zulassen. Sie praktizieren Selbstschutz, weil sie Angst vor erneuter Vereinnahmung haben.

Der Vorwurf, in der Entwicklung eingeengt worden zu sein

Vorwürfe dieser Art richten sich vor allem an Helikopter-Mütter, aber auch an Freundin-Mütter.

Vorwürfe gegen die Helikopter-Mutter

Ein Beispiel dafür ist die Mutter von

Christian, 25:

„Ich habe Probleme mit meiner Mutter, die mich überbehütet hat. Ich spüre, dass es an der Zeit ist, meinen Weg zu gehen und mein Leben zu leben. Ich bin erwachsen, ich verdiene mein eigenes Geld, aber meine Mutter sieht mich immer noch als ihr Kind an und behandelt mich auch so, obwohl ich inzwischen eine eigene Wohnung habe und mich auch selbst versorge. Trotzdem nimmt sie nicht zur Kenntnis, dass ich ein selbstbestimmtes Leben führen möchte. Ständig gibt sie mir ungefragt Ratschläge ... zieh dich warm an ... denk an dein Portemonnaie ... vergiss nicht, Oma anzurufen.

Wieso kann sie sich nicht für mich freuen, dass ich endlich mein eigenes Leben habe? Und was macht sie, als ich ausgezogen bin – sitzt da und weint! Und jetzt, immer wenn ich mich ein paar Tage von selbst nicht melde, dann ruft sie an, was mich total nervt. Wenn mir nach Reden zumute ist, dann schaffe ich es schon selbst, ihre Nummer zu wählen, und so herrscht am Telefon nur Sprachlosigkeit, weil ich nichts Neues zu erzählen habe. Ich habe jetzt mein eigenes Leben. Meine Mutter ist schon ein echtes Problem für mich. Sie will einfach ihre Mutterrolle nicht loslassen und je mehr sie daran festhält, umso stärker sind meine Fluchtreflexe."

Die Überbehütung des Kindes durch die Mutter führt regelmäßig dazu, dass die Mutter das Kind nach der Pubertät behindert, sich von ihr zu lösen. Sie „klammert".

Es liegt emotionaler Missbrauch vor, wenn ein Kind durch seine klammernde Mutter daran gehindert wird, eine eigene Identität zu entwickeln und die Mutter-Kind-Symbiose aufzulösen. Ein solches Kind kann keine seelischen Grenzen entwickeln. Es bleibt so ein Teil seiner Mutter. Ein solcher Besitzanspruch erstickt die Identität des Kindes und ist ein Akt seelischer Gewalt, die eine natürliche Entwicklung des Kindes zu einer eigenständigen Persönlichkeit verhindert. In diesem Fall zeigt sich der emotionale Missbrauch in der emotionalen Vereinnahmung.

Emotionale Vereinnahmung wird Müttern häufig vorgeworfen von Kindern, die aus Angst vor Liebesentzug nie gelernt haben, sich abzugrenzen und ihren eigenen Willen durchzusetzen. Sie lernten, dass ihre Gefühle nicht wichtig waren, weil sie missachtet wurden, und – dass ihnen die Gefühle und Reaktionen ihrer Mütter immer wichtiger waren.

Anna, 34:

„Seitdem ich verheiratet bin, fange ich endlich an, mich von meiner Mutter emotional zu befreien. Vorher war ich Wachs in ihren Händen. Sie hat mich wie ihr persönliches Eigentum behandelt und mir mit Schuldgefühlen mein Leben teilweise unheimlich schwergemacht. Ich bin in einer Akademikerfamilie aufgewachsen. Papa war Professor und reiste im Namen der Wissenschaft durch die Welt, Mama klammerte sich aus Einsamkeit an mich, weil Papa so gut wie nie zu Hause war. Meine Mutter hatte mich fest im Griff. Wenn ich als Kind mehr Freiraum wollte, war die arme Mutti ja ganz traurig, und das böse Kind, für das sie sich aufopferte, hatte gar kein Verständnis für die arme Mutti. Je älter und reifer ich wurde, umso mehr setzte meine Mutter natürlich auch anspruchsvollere Druckmittel ein. Sie äußerte irgendwann ihr Missfallen über ihre Einsamkeit viel deutlicher und stellte ihre Ansprüche direkt an mich. Was ich selbst wollte, war für sie sekundär – es sei denn, es passte in ihr Konzept!"

Annas Mutter beherrscht perfekt die Klaviatur der Gefühle ihrer Tochter. Anna gelang es nur mit Unterstützung ihres Mannes, sich aus der Vereinnahmung ihrer Mutter zu befreien. Dadurch ist es ihr möglich, die Manipulationsversuche ihrer Mutter zu erkennen und ins Leere laufen zu lassen. Der Vorwurf, die Ablösungsphase behindert zu haben, kann sich auch gegen Freundin-Mütter richten.

Vorwürfe gegen Freundin-Mutter

Viele Töchter von Freundin-Müttern finden deren Verhalten nicht unbedingt „cool", sondern manchmal anstrengend und verunsichernd und problematisch für die notwendige Ablösung, die Identitätssuche und die Persönlichkeitsentwicklung.

Rebecca, 23:

„Meine Mutter war eine sehr junge Mutter. Sie bekam mich, als sie erst 17 Jahre alt war, und damit war sie wirklich zu jung, um das zu sein, was man sich unter einer Mutter vorstellt. Sie verhielt sich auch nicht wie andere Mütter, sondern ich hatte den Eindruck, sie konkurrierte mit mir.

Für mich wurde das während der Pubertät zu einem Problem. Es gelang mir nicht, mich von ihr zu befreien, sie verfolgte mich immer wie mein eigener Schatten. Immer, wenn ich mir etwas Fetziges gekauft hatte, musste sie das auch haben.

Oft kam ich mir wie der Klon meiner Mutter vor.

Aber auch kleine Geheimnisse gestattete sie mir nicht, denn ihrer Meinung nach war ich ja ihre beste Freundin. Damit ist sie aber ihrer Mutterrolle nicht nachgekommen und war für mich weder Vorbild noch Orientierung. Sie verunsicherte mich, stahl mir die Show und war der Grund für meine nachhaltigen Identitätsprobleme. Ich konnte einfach nicht ich selbst sein und mich von ihr nicht abgrenzen."

Rebecca hatte Probleme, sich während ihrer Pubertät von ihrer Mutter zu lösen, was sie ihrer Mutter auch vorwirft. Statt ihre Tochter darin zu unterstützen, die Mutter-Tochter-Symbiose aufzulösen, damit Rebecca eine eigene Identität finden und eine eigene Persönlichkeit entwickeln konnte, verhielt sich die Mutter so, als stünde sie mit ihrer Tochter auf der gleichen Ebene.

Wenn Mütter sich zu stark mit ihren Kindern identifizieren, erdrücken sie ihre Kinder. Die meisten Kinder solcher Mütter, die nicht loslassen und in die eigene Selbstständigkeit entlassen können, fühlen sich kontrolliert und eingeengt. Fluchtverhalten und das Bedürfnis nach Distanz bis zum Kontaktabbruch sind oft die Folgen.

Manche Kinder schaffen es, sich während der Pubertät gegen die Gängelung ihrer Mütter aufzulehnen. Meist geht das dann mit Gegenreaktionen, Spannungen und Auseinandersetzungen einher, die umso heftiger ausfallen, je stärker die Steuerung und Kontrolle durch die Mütter war. Insbesondere eskalieren die Konflikte, weil solche Mütter meinen, nur das Beste gewollt und alles richtig gemacht zu haben, und die „Undankbarkeit" oder die totale Leistungsverweigerung ihrer Kinder nicht verstehen können.

Der Vorwurf mangelnder Einfühlung und fehlenden Verständnisses

Manche Kinder werfen ihren Müttern vor, für sie zu wenig Verständnis und Mitgefühl gehabt zu haben.

Achim, 45:

„Heute erkenne ich, dass die Beziehung zu meiner Mutter von einer seelischen Abhängigkeit geprägt war. Sie war alleinerziehend und ich war ein Einzelkind. Das führte zu

einer sehr engen Bindung, die ich schon früh als belastend empfunden habe, auch weil meine Mutter und ich nie viel miteinander anfangen konnten. Sie hatte zum Beispiel keinerlei Sensibilität für mein Peinlichkeitsempfinden. Für mich war es das Schlimmste, aufzufallen, aber sie spürte das gar nicht. Wenn wir etwa in einen Bus einstiegen, krakeelte sie gleich: ‚Siehst du denn gar nicht, dass hier vorne zwei Plätze frei sind.' Das fand ich ganz schlimm. Ich habe mich dann in Grund und Boden geschämt. Am liebsten hätte ich so getan, als gehörte ich nicht zu ihr."

Im folgenden Beispiel wirft eine erwachsene Tochter ihrer Mutter einen Mangel an „Mütterlichkeit" vor, unter dem sie sehr gelitten hat.

Julia, 37:

„Meine Mutter hat mich nie getröstet, wenn ich mir wehgetan und geweint habe. Sie hat sich auch nie mit mir gefreut, wenn mir etwas gelungen ist oder ich eine gute Note bekam. Sie konnte weder etwas loben noch sich über etwas herzlich freuen. Ihr fehlte jegliches Mitgefühl und sie war unfähig, Not zu erspüren, Bedürfnisse zu erkennen, Schmerz wahrzunehmen, Trost zu spenden und Freude zu teilen. Warum sie so war, weiß ich nicht. Ich habe jedenfalls sehr unter ihrem Mangel an Warmherzigkeit gelitten."

Besonders hochsensible Kinder werfen ihren Müttern mangelnde Einfühlung vor, wenn diese nicht genügend empfindsam und achtsam mit ihnen umgegangen sind, wie das Beispiel von Manuela zeigt:

Manuela, 42:

„Meine Mutter war für meine zarte Seele eine zu rustikale Frau, die mit meiner Hochsensibilität nicht umgehen konnte, mich deshalb oft sogar lächerlich machte. Ihr Schlachtruf war immer: ‚Stell dich nicht so an.‘ Ich habe nicht nur unter meiner besonderen Empfindsamkeit gelitten, sondern fast noch mehr unter dem Unverständnis meiner Mutter. Wahrscheinlich wäre mir viel Kummer erspart geblieben, wenn ich bereits damals gewusst hätte, dass ich zu 15-20 % zu Menschen gehöre, die hochsensibel sind und alle Eindrücke stärker wahrnehmen. Ich habe mich nicht nur unverstanden gefühlt, wenn meine Mutter und meine Schwestern mich als Mimose, Sensibelchen, Zimperliese oder Prinzessin auf der Erbse verspotteten, sondern auch sehr einsam. ‚Nimm dir nicht alles so zu Herzen! Schaff dir ein dickeres Fell an!‘, bekam ich oft genug zu hören. Aber wie nur? Ich hasste meine Dünnhäutigkeit und die vielen daraus resultierenden Ängste und zog mich immer mehr zurück.“

Kritik an Lebensentscheidungen und Lebensmodell der Mutter

Kritik gegenüber der Vollzeit-Mutter

Ellen, 51:

„Als ich schwanger war, stand für mich fest, dass ich nach dem Mutterschutz nicht wieder an meinen Arbeitsplatz zurückkehren würde. Ich vertrat die Auffassung, dass es nur richtig sei, Kinder in die Welt zu setzen, wenn ich mich selbst um sie kümmern könnte. Ich hatte als Vollzeit-

Mutter niemals das Gefühl, dass mir geistige Anregung und Kontakte gefehlt hätten oder dass ich keine Leistung erbracht hätte.

Mein inzwischen erwachsener Sohn (23) ist da anderer Meinung. Neulich sagte er: ‚Papa tut mir leid. Der schuftet sich noch zu Tode, während du dir hier einen schönen Tag machst. Ich werde das anders machen. Für mich kommt nur eine berufstätige Frau in Frage, mit der ich mir alles partnerschaftlich teile. Es ist doch total bescheuert, wenn man sein Leben aufgibt. Eine Mutter, die einen qualifizierten Job hat, kann ihren Kindern etwas geben.'

Ich empfand diese Abwertung meiner Lebensentscheidung zugunsten von Familie und Kindern schon als sehr kränkend und auch, dass mein Sohn nicht wertschätzen konnte, dass ich immer für ihn Zeit hatte und für ihn da war."

Kritik an Veränderungen der Familienbasis

Entscheidungen der Mütter, die ihrem Leben eine neue Richtung geben, finden nicht immer die Zustimmung der Kinder. Oft sind sie Anlass für herbe Kritik und wiederkehrende Vorwürfe. Die häufigste Kritik bezieht sich nach meiner Erfahrung auf Entscheidungen der Mutter bezüglich des Familienlebens, insbesondere im Zusammenhang mit *Scheidung oder Trennung.*

So wird z. B. kritisiert, dass sich die Mutter hat scheiden lassen und damit eingesteht, den „verkehrten" Mann geheiratet zu haben. Eine Scheidung oder Trennung bedeutet für Kinder den Verlust ihrer Familie, der familiären

Geborgenheit und der Sicherheit. Ihr Urvertrauen wird dadurch zutiefst erschüttert.

Trennungs- und Scheidungskinder machen ihre Mütter dafür verantwortlich – zumindest im täglichen Leben –, einen leiblichen Elternteil verloren zu haben. Aus einem Vater, der täglich anwesend war, wird ein Wochenendvater oder ein Vater mit gelegentlichem Umgangsrecht.

Auch nach der Scheidung leiden viele Scheidungskinder den Rest ihres Lebens unter den Verlustängsten, die durch das Trennungstrauma ausgelöst wurden. Auch für die sich ergebenden Spätfolgen machen Kinder ihre Mütter direkt oder indirekt verantwortlich. Forschungsergebnisse belegen, dass die Scheidung der Eltern Auswirkungen auf das spätere Ehe- und Familienleben von Scheidungskindern hat. Deren Scheidungsquote ist doppelt so hoch wie die von Kindern, deren Eltern sich nicht getrennt haben.[15]

Kinder kritisieren auch Mütter dafür, dass sie sich *nicht* haben scheiden lassen.

Ich höre in meinen Beratungen und Seminaren sowohl Klagen darüber, dass sich Eltern getrennt haben, wie auch darüber, dass sie sich nicht getrennt, sondern ihren Kindern eine zerrüttete Familie zugemutet haben.

Egal, wie Eltern sich verhalten und wozu sie sich entscheiden – Kinder, die sich auch als Erwachsene immer noch als Opfer sehen, finden immer Gründe, ihren Eltern Fehler und Versagen anzulasten.

Das Kind kritisiert die Mutter, weil sie nach einer Trennung oder Scheidung einen neuen Partner gesucht und gefunden hat. Dabei geht es nicht unbedingt darum, ob der neue Partner vom Kind sympathisch gefunden wird, sondern es ist die Tatsache an sich, dass das Kind diese „neue Person“ in der Familie ablehnt.

Mit der Entscheidung für einen neuen Partner stellt sich die Frage nach der Wohnung. Zieht die Mutter in die Wohnung oder das Haus des neuen Partners, ist ein Ortswechsel und damit die Aufgabe der elterlichen Wohnung vollzogen.

Der Verlust der häuslichen Umgebung, insbesondere des Kinderzimmers, der Freunde aus der Nachbarschaft, ist für Kinder, je nach Alter und emotionaler Verletzlichkeit, schwer zu verkraften. Trotz aller rational einleuchtenden Argumente, werden sie der Mutter den Verlust ihres Zuhauses selten verzeihen.

Mit Kritik des erwachsenen Kindes muss die Mutter auch rechnen, wenn sie nach der Scheidung oder auch aus anderen Gründen den Kontakt zu ihren Eltern oder denen des Vaters, also zu den Großeltern, abgebrochen bzw. unterbunden hat.

Manchmal richtet sich die Kritik des Kindes weniger gegen bestimmte Entscheidungen der Mutter, sondern gegen ihr Lebensmodell. Eines dieser Modelle ist, das Kind zu bekommen, aber bewusst, aus eigener Überzeugung, ohne Vater aufzuziehen.

Oft schaffen Mütter, die ein Kind allein aufziehen, nur schwer den Spagat zwischen Berufstätigkeit und Familie. Häufig sind ihre Kinder wegen schlecht bezahlter Teilzeitjobs ihrer Mütter auch finanziell benachteiligt.

Die Entscheidung einer Mutter, nicht mit dem Vater des Kindes zusammenzuleben, beeinflusst nicht nur ihr Leben, sondern auch das ihres Kindes. Sie wird sich eines Tages auch ihm gegenüber dafür verantworten müssen, ihm seinen Vater und eine Familie vorenthalten zu haben.

Der Vorwurf fehlender Grenzen, Disziplin, Ordnung und Struktur

Bei Chaos-Müttern fühlen sich Kinder so lange wohl, wie dieser unbekümmerte Erziehungsstil für sie keine nachteiligen Konsequenzen hat. Spätestens dann, wenn sie in ihrem Leben nichts auf die Reihe bekommen und scheitern, weil es ihnen an Disziplin, Ordnung und Struktur (z. B. einem regelmäßigen Tagesablauf) fehlt, finden sie ganz schnell einen Schuldigen, ihre Mutter.

Christoph, 44:

„Die grenzenlose Freiheit bei uns zu Hause hatte bei mir leider Folgen: Überall, wo ich war, in der Schule, in der Lehre, bin ich grandios gescheitert, weil ich kein Durchhaltevermögen, keine Disziplin und keine Ordnung kannte. Selbst Liebesbeziehungen waren immer bald zu Ende. Ich werfe meiner Mutter vor, mir nicht das beigebracht zu haben, was im Zusammenleben unter normalen Menschen wichtig ist. Wer Erziehung von Kindern so missversteht, wie es meine Mutter tat, der sollte keine Kinder haben.“

Christophs Mutter gehörte zu den Kindern, die in den 50er und 60er Jahren die „schwarze Pädagogik" erlitten, geprügelt, gedrillt und unterdrückt wurden. Ihr Sohn Christoph sollte – im Gegensatz zu ihr und wie viele Kinder anderer chaotischer Mütter – unendliche Freiheiten haben und ihre Grenzen selbst herausfinden. Viele solcher Kinder, die praktisch unerzogen aufwuchsen, machen ihren Müttern aber häufig im Erwachsenenalter Vorwürfe, unverantwortlich mit ihnen umgegangen zu sein, selbst dann, wenn sie Disziplin, Ordnung und Struktur anderswo gelernt haben und deshalb durchaus erfolgreich werden konnten.

Der Vorwurf, das Kind nicht genug beschützt zu haben

Aus Müttern, die als Kinder die „schwarze Pädagogik" erlitten hatten, wurden aber nicht zwangsläufig später Verfechter der antiautoritären Erziehung. Wenn sie aufgrund der Erziehungsmethoden im Elternhaus, die auf Kontrolle, Angst und Gewalt basierten, kein Selbstbewusstsein aufbauen konnten, entwickelten sie sich zu „funktionierenden" Töchtern und später zum Typ „eingeschüchterte Mutter" (siehe oben: Teil I, Kapitel 2, Unterkapitel *„Die eingeschüchterte Mutter"*).

In ihrer Biografie ist es begründet, dass die eingeschüchterte Mutter ihre Kinder weder vor ihrem gewalttätigen Mann noch vor ungerechten Lehrern, gemeinen Mitschülern oder Übergriffen aus der eigenen Familie beschützen kann. Trotzdem erheben Kinder schwere Vorwürfe, wenn Mütter ihre Kinder nicht genug beschützt haben:

Liane, 41:

„Obwohl ich mich meiner Mutter anvertraut hatte, dass mein Onkel, ihr Schwager, mir gegenüber zudringlich war, tat sie nichts. Ich hatte erwartet, dass sie sich für mich einsetzt und mich beschützt, und war zutiefst enttäuscht, dass sie das, um des lieben Friedens willen in der Familie, unterließ. Wie es mir damit erging, schien ihr gleichgültig zu sein."

Sybille, 45:

„In meiner Kindheit wurde ich oft von meinem alkoholisierten Vater geschlagen. Meine Mutter hatte auch Angst vor ihm, weil auch sie geschlagen wurde. Trotzdem werfe ich ihr vor, mich nicht vor meinem gewalttätigen Vater beschützt zu haben. Sie hätte sich Hilfe von außen holen können. Stattdessen stand sie immer geduckt und verängstigt wie ein kleines Hascherl dabei, wenn ich verprügelt wurde. Ich finde, dass meine Mutter ihrer Mutterrolle, mich als wehrloses Kind zu beschützen, nicht nachgekommen ist, und dafür verachte ich sie."

Luise, 66:

„Ich bin ein Nachkriegskind und hatte äußerst despotische, autoritäre Kriegseltern, die sowohl mit körperlicher wie seelischer Gewalt erzogen (züchtigten), mich zum absoluten Gehorsam ‚abrichteten' und das auch noch mit Bibelzitaten rechtfertigten. Wenn z. B. beim Einkaufen andere Eltern feststellten: ‚Eure Kinder sind aber lieb, die quengeln ja gar nicht', antworteten meine Eltern: ‚Das

sollten sie auch mal versuchen. Kleine Kinder, die was wollen, kriegen was auf die Bollen.'

Ich erinnere mich noch heute daran, dass ich mit zugepflastertem Mund im dunklen Keller sitzen musste, weil ich es gewagt hatte, mich in die Unterhaltung Erwachsener einzumischen. Ich bin fast gestorben vor Angst.

Dieses Schlüsselerlebnis machte mich zu einem eingeschüchterten Kind, das in der Schule nicht wagte, sich zu melden, das sich nicht wehrte, wenn es geärgert wurde, und es machte mich zu einer eingeschüchterten jungen Frau, die sich immer duckte und anpasste, um kein Ärgernis zu liefern. Mit dieser mir unbewussten Prägung wählte ich später meinen Partner aus, der genau in dieses Schema, das ich bereits aus meiner Familie kannte, passte. Er hatte leichtes Spiel, mich zu unterdrücken. Aus Angst vor Schimpfe wurde ich zur ‚Augendienerin' und ich tat alles, damit er keinen Grund hatte, mich auszuschimpfen. Ich war unfähig, Selbstschutz aufzubauen, und konnte später auch meine Kinder nicht schützen, wenn mein Mann den Kindern mit dem Holzschlappen auf den nackten Po schlug."

Was Luise erlebt hat und beschreibt, ist klassisch: Unbewusst suchen sich Kinder ihre Partner nach dem Muster aus, auf das sie geprägt wurden, selbst dann, wenn sie darunter gelitten haben.

Und warum lassen sich Frauen Gewalt in verschiedenster Form gefallen? Das hat oft – wie das vorausgegangene Beispiel zeigt – mit ihrer Biografie zu tun. Wenn z. B. bereits die eigene Mutter vom dominanten Ehemann/Vater eingeschüchtert wurde, kann dieses von Kindern erlebte

Muster unbewusst in der nächsten Generation erneut wirksam werden, wie folgendes Beispiel zeigt.

Irene, 65:

„Mein Mann hat mich geschlagen, wenn eine Auseinandersetzung eskalierte und ihm die Argumente ausgingen. Dieses Muster war mir bereits aus meinem Elternhaus bekannt und ich hielt es für normal. Deshalb wäre ich auch nie auf die Idee gekommen, mich darüber zu beklagen, mir Hilfe zu holen oder mich zu trennen. Ich hatte gelernt, dass man das aushalten muss, oder es erst gar nicht auf Auseinandersetzungen ankommen zu lassen."

Es gibt Menschen, die zu Aggressionen neigen und in Konflikten schnell gewaltbereit sind. Oft spielt auch die soziale Herkunft eine wesentliche Rolle. Irenes Mann hat in seiner Familie gelernt, sich mit „Faustrecht" durchzusetzen. Er hat nicht gelernt, Konflikte konstruktiv auszutragen, und insofern bleibt ihm Gewalt als einzige Handlungsmöglichkeit.

Was Irene erlebt hat, ist häusliche Gewalt, die viele Gesichter und Ausprägungen hat, immer aber tiefgreifende Spuren hinterlässt. Zumeist betroffen sind Frauen, wobei das nicht ohne Auswirkungen auf die Kinder bleibt.

Die verschiedenen Gewaltformen, die zur Unterdrückung und Einschüchterung angewandt werden, dienen immer dazu, das Selbstbewusstsein des Opfers zu zerstören und es in einer Abhängigkeit zu halten.

Mehr noch als körperliche Gewalt schlägt langanhaltende seelische Gewalt unsichtbare Wunden, die nur schwer heilen. Eine eingeschüchterte Frau, die einer oft jahrelangen sozialen Diskriminierung ausgesetzt war, hat oft kaum die Kraft, sich selbst zu wehren, ihre Kinder zu beschützen und ohne Hilfe von außen ihrer ausweglos scheinenden Situation zu entkommen.

Da häusliche Gewalt darüber hinaus ein Tabuthema ist und bei Bekanntwerden zur Ausgrenzung führt, trauen sich Betroffene nur selten, sich zu offenbaren und Hilfe in Anspruch zu nehmen. Im Gegenteil wird versucht, um jeden Preis das Bild einer intakten Familie nach außen aufrechtzuerhalten.

Es kann Situationen geben, die den Vorwurf eines Kindes, von seiner Mutter nicht genug geschützt worden zu sein, zumindest aus der Wahrnehmung und dem Erleben des Kindes rechtfertigt. Das ist immer dann der Fall, wenn die Mutter selbst zu eingeschüchtert und verängstigt war, um sich schützend vor ihre Kinder zu stellen, oder wenn sie Übergriffe, z. B. in Form seelischer und körperlicher Gewalt, sexuellen Missbrauchs oder Suchtverhaltens gedeckt hat, um die Familie zu schützen. Sexueller Missbrauch ist ein Straftatbestand, der mit Gefängnis bestraft wird und der Familie den Ernährer nimmt. Die ganze Familie wäre in einem solchen Fall vor Existenzverlust bedroht.

Die Pauschalabwertung der Mutter

Scheidungskinder neigen häufig dazu, egal welche Probleme in ihrem Leben auch immer auftauchen, die Trennung ihrer Eltern dafür mitverantwortlich zu machen, nach dem Motto: *„Dafür kann ich nichts, meine Kindheit* *war schlecht. Meine Mutter ist schuld, weil sie sich von meinem Vater getrennt hat."*

Es handelt sich dabei um Pauschalkritik, das ist eine Kritik, die sehr allgemein, ohne näher zu differenzieren, vorgebracht wird. Pauschale Vorwürfe erkennt man leicht an Wörtern wie „immer" oder „nie". „Ich war immer der Sündenbock. Immer, wenn mein Bruder schrie, war ich die Schuldige!" Pauschale Vorwürfe sind nicht konkret, sie driften ins Allgemeine ab. Es ist daher auch keine wirkliche Abwehr oder Rechtfertigung möglich. Sie zielen auf die Pauschalabwertung der Mutter ab und erzeugen bei ihr nur Ärger und Frust.

Die meisten Mütter trifft die pauschale Kritik mitten ins Mark. Viele Töchter machen eine Zeit durch, in der sie die Schuld für alles, was in ihrem Leben unbefriedigend läuft, bei ihren Müttern suchen. Da war die Erziehung zu streng oder nicht konsequent genug, die „Nur-Hausfrau" kein inspirierendes Vorbild, die berufstätige Mutter nicht erreichbar, die Teilzeit-Berufstätige immer gehetzt. Was sie auch machte oder auch nicht, es war auf jeden Fall verkehrt.

Der Ablauf solcher unerfreulichen Auseinandersetzungen ist immer der gleiche:

Es werden von der Tochter verletzende Behauptungen erhoben. Gegenargumente oder Nachfragen der Mutter, wie denn das gemeint sei, werden mit weiteren pauschalen Behauptungen gekontert. Zum Schluss beginnt die Tochter wieder beim Anfang ihrer Beschuldigungen. Man dreht sich im Kreise. Es gibt keine Verständigung.

Die Verallgemeinerungen führen dazu, dass die Mutter als ganze Person negativ beurteilt wird, sie wird pauschal abgewertet z. B. durch Vorwürfe wie *„Du hast dich nie um mich gekümmert“* oder *„Du hast mich nie geliebt“.*

Heutzutage ist immer häufiger zu beobachten, dass erwachsene Kinder, statt Verantwortung für sich selbst zu übernehmen, ihre Eltern abwerten und ihnen keine Wertschätzung und Achtung, sondern Feindseligkeit und Verachtung entgegenbringen. Man muss ja nicht alles gut finden, was Eltern getan oder gelassen haben. Als erwachsener Mensch sollte man allerdings eine differenzierte Betrachtung haben, denn Eltern können nie alles richtig, aber auch nie alles falsch machen. Pauschalabwertungen sind daher zutiefst ungerecht.

Schlimmer noch als die Abwertung ist die Verachtung. Sie ist der Gegenpol zur Bewunderung und die schärfste Form des Tadels. Sie ist eine Waffe und eine höchst wirksame Form der Rache.

4.
Die Folgen ständiger Vorwürfe

Selbstvorwürfe – Schuldgefühle – ein chronisch schlechtes Gewissen

Wie in den vorangegangenen Kapiteln beschrieben wurde, können Mütter von zahlreichen Vorwürfen und massiver Kritik getroffen werden. Urheber sind die Kinder, die Gesellschaft (Bildungspolitiker, Ärzte, Erzieher, Lehrer) und das eigene soziale Umfeld (die Verwandten, die Bekannten, evtl. der Exmann).

Alle haben ein bestimmtes Bild von der Mutter, wie sie sein sollte. Wenn diese Vorwürfe immer wieder erhoben werden, hinterlässt das verheerende Spuren in der Seele der Mutter. Irgendwann beginnt sie, an sich selbst zu zweifeln und sich tatsächlich schuldig zu fühlen. Obwohl sie eigentlich überzeugt ist, ihr Bestes gegeben zu haben, scheint es nun so zu sein, dass sie alles falsch gemacht und versagt hat.

Schuldgefühle können zahlreiche körperliche und seelische Reaktionen auslösen: Nervosität, körperliche Verspannungen, Ärger, Panik, depressive Verstimmungen, Magenprobleme, Selbstzweifel und ständige Gedanken an das Fehlverhalten.

Die Kritik an ihrer Mutterrolle ist ein Punkt, an dem Mütter immer angreifbar sind. Selbst Pauschalvorwürfe, die an sich nur unberechtigt und ungerecht sein können, hinterlassen ihre destruktive, verunsichernde Wirkung aufgrund des Gedankens: *„Etwas wird schon dran sein, irgendwann muss ich doch irgendwas grundsätzlich falsch gemacht haben. Wann, um Himmels willen, war das bloß?"*

Die suggestive Kraft dauernder Vorwürfe bewirkt am Ende, dass Mütter das glauben, was sie ständig zu hören bekommen, eben – schlechte Mütter gewesen zu sein und versagt zu haben.

Besonders anfällig für Selbstzweifel und Schuldgefühle sind immer noch berufstätige Mütter, was besonders gut in dem schon zitierten Buch von Barbara Streidl „Kann ich gleich zurückrufen?" [16] zum Ausdruck kommt. Die große Stärke dieses Buches besteht meines Erachtens darin, dass die Autorin die viel beschworene Vereinbarkeit von Beruf und Familie als kaum machbar enttarnt, denn die Arbeitsbedingungen verschärfen sich permanent, und keineswegs in Richtung zu mehr Kinderfreundlichkeit. Ein 30-Stunden-Job ist heute oft so kräfteraubend wie früher ein 40-Stunden-Job.

Und wenn solche Mütter, die sich in ihrem Bestreben, Beruf und Familie miteinander zu vereinbaren, sich dabei verausgabt haben, alle Bedürfnisse unter einen Hut zu bekommen, und am Ende auch noch mit Vorwürfen attackiert werden, ihre Kinder vernachlässigt zu haben, sich nicht an Bastelstunden zu beteiligen und zum Kindergeburtstag gekauften Kuchen anzubieten, beschleichen sie am Ende dann doch Selbstzweifel.

Ursachen von Schuldgefühlen von Müttern sind meist zu hohe eigene Ansprüche und die Sorge, sie nicht zu erfüllen. Auch das Gefühl, durch den täglichen Zeitdruck und die vielfältigen Anforderungen nicht genug zu geben, löst Selbstvorwürfe aus. Andere Mütter plagt das schlechte Gewissen, wenn sie gereizt und aggressiv auf ihre Überforderung reagieren.

Große Schuldgefühle verursacht oft auch die Entscheidung, Kinder zeitweilig in eine Fremdbetreuung (Kita) oder in ein Internat zu geben. Von „Abschiebung“ wird dann oft geredet und vorschnell geurteilt, ohne die Rahmenbedingungen zu kennen und zu berücksichtigen, die zu dieser Entscheidung geführt haben.

Ein schlechtes Gewissen wird bei Müttern auch dann ausgelöst, wenn die Ehe nicht geklappt hat und den Kindern eine Scheidung zugemutet wurde oder auch, wenn sie später noch einmal heiraten und den Kindern damit ein neues Familienmitglied oder eine Patchworkfamilie zumuten. Mütter scheinen für alles verantwortlich und an allem schuld zu sein.

Verlust des Selbstwertgefühls – Beschädigung des Selbstbildes – Selbstabwertung

Mütter sind keine Heiligen und nicht immer lieb und geduldig. Kinder sind es aber auch nicht. Sie bringen ihre Mütter manchmal zur Weißglut und an den Rand einer Krise. Aggressionen gegen die eigenen Kinder zu haben, kollidiert bei den meisten Müttern mit ihrer Vorstellung vom Mythos der „idealen Mutter“ und beschädigt ihr Selbstbild. Verstärkend wirken Vorwürfe von *außen*, die als Kränkungen empfunden werden. Vorwürfe – je nachdem, wie sie geäußert werden – können als Zurückweisung und Abwertung empfunden werden und Kränkungsreaktionen auslösen. Besonders ungerechtfertigte Vorwürfe erleben Mütter als Zurückweisung oder Abwertung der eigenen Person oder Leistung.

Ob Vorwürfe als Kränkung erlebt werden oder nicht, hängt sehr von der Selbsteinschätzung und dem Selbstbewusstsein der Mütter ab. Je unsicherer eine Mutter in Bezug auf sich selbst und ihre Leistung ist, umso größer ist die Gefahr, dass sie die Vorwürfe als Kränkung erlebt.

Die Reaktionen auf Vorwürfe hängen zudem von den Umständen ab, unter denen sie ausgesprochen werden. Mütter sind weniger gekränkt, wenn sie ausdrücklich um kritische Rückmeldungen bitten, als wenn sie ohne Ankündigung kritisiert oder unverhofft attackiert werden. Auch ist die Art und Weise, in der Vorwürfe vorgebracht werden, von Bedeutung, z. B. in welchem Tonfall, mit welchen Worten und mit welcher Absicht eine Mutter kritisiert wird. Die Folgen ständiger Vorwürfe können zu Verunsicherung und schlimmstenfalls zu einer Selbstabwertung der Mutter führen.

Der Grund für die Selbstabwertung besteht oft darin, dass Mütter ein einmaliges Fehlverhalten oder Versäumnis unangemessen hoch bewerten. Ihr Schuldgefühl bleibt meist nicht auf dieses einmalige Ereignis beschränkt, das sie sich selbst vorwerfen oder das andere ihnen vorwerfen, sondern sie werten sich dafür komplett als Person herab. Zu Verunsicherung bis hin zur Selbstabwertung kann es auch führen, wenn Mütter mit guten Ratschlägen überfrachtet werden, sich aber trotz Babybüchern, Säuglingskursen eingestehen müssen, dass sie ihr „Muttersein“ einfach nicht so hinbekommen, wie sie es selbst gern hätten.

Die Gefühle von Frustration und versagt zu haben führen besonders dann zu Selbstvorwürfen, Selbstabwertung, Schuld- und Schamgefühlen, wenn Kinder „aus dem Ruder laufen“ und nicht die – vielleicht ehrgeizigen – Erwartungen der Mutter erfüllen, wenn z. B. ein Kind in der Schule versagt oder auf die „schiefe Bahn“ gerät.

Anstatt sich klarzumachen, dass viele Faktoren für die Entwicklung der Kinder verantwortlich sind, stellen Mütter sich freiwillig an den Pranger, werten sich selbst ab und geißeln sich mit Vorwürfen, wie: *„Habe ich genug getan oder wo habe ich versagt?“*

Amelie, 54:

„Meine Tochter hatte es drauf, mich mit Vorwürfen aller Art fertigzumachen, was bei mir zur Selbstabwertung führte, ich mir nichts mehr zutraute und immer dachte, versagt zu haben. Bei mir machte sich das gleiche Gefühl des Totalversagens breit wie damals, als meine Eltern mich maßregelten. Es wiederholte sich das Gefühl, nicht richtig zu sein, nicht gut genug zu sein und nichts richtig zu machen.“

„Ich habe versagt, ich bin unfähig, ich bin keine gute Mutter“, das sind typische Aussagen der Selbstabwertung und ein typisches Zeichen eines angegriffenen, instabilen Selbstwertgefühls.

Überforderung als Folge verstärkten Einsatzes

Ständige Vorwürfe können das Selbstbewusstsein von Müttern zermürben und dazu führen, dass diese Kritik verinnerlicht wird. Die Mütter versuchen den Vorwürfen durch verstärkten Einsatz zu begegnen. Damit setzen sie sich unter erhöhten Termin- und Leistungsdruck. Oft sind sie seelisch und körperlich den Mehrfachbelastungen nicht gewachsen, sie fühlen sich überfordert.

Typisch ist, dass sie etwas zusagen, was sie nur schwer einhalten können. Sie können sich nicht abgrenzen und erlauben anderen, ihnen alles Mögliche aufzubürden. Andererseits fordern sie von sich, wenn sie perfektionistisch eingestellt sind, keinen Fehler zu machen. Die Folge ist ein enormer Erwartungs- und Erfolgsdruck, der verschiedene Stresssymptome und Stressreaktionen auslösen kann:

Magen-Darm-Probleme, Bluthochdruck, Herzrasen, schmerzhafte Muskelverspannungen, Ängste, Reizbarkeit, Konzentrationsstörungen, Erschöpfung, Übelkeit, Engegefühl in der Brust, Nervosität, Schlafstörungen, Spannungskopfschmerzen, Veränderung des Essverhaltens.

Wohldosiert hält Stress gesund, während Dauerstress krank macht. Mütter, die durch die Vielfachanforderungen gestresst sind, kommen nicht umhin, sich ihren individuellen Stressoren zu stellen.

Neben körperlicher Arbeit und intellektuellen Leistungen sind es vor allem soziale Berufe, die besonders hohe Anforderungen an Mütter stellen. Dazu gehören die Berufe im Gesundheitsbereich, wie z. B. der der Krankenschwestern, Altenpflegerinnen und Ärztinnen, die alltäglich mit Leid, Sterben und Tod zu tun haben.

Hier sind Empathie und Sensibilität gefragt. Das macht den besonderen Reiz und die Sinnhaftigkeit der Tätigkeiten aus, ist aber auch gleichzeitig ein Risiko für die eigene Gesundheit, denn diese Art von Arbeit kann emotionalen Stress auslösen, wenn die eigenen Gefühle zurückgestellt werden müssen oder auf der Strecke bleiben. Werden diese auf Dauer verdrängt, unterdrückt oder nicht verarbeitet, kann dies zu hohen psychischen Belastungen oder gar Erkrankungen führen.

Bei vielen Frauen ab Ende dreißig zeigen sich immer häufiger psychosomatische Folgen eines Lebens, das aus Druck, Anstrengung, Hetze gepaart mit Selbstverleugnung, Selbstabwertung und Unterdrückung der eigenen Gefühle besteht.

„Ich kann nicht mehr. Ich will nicht mehr." So denken viele Frauen, aber nicht alle sprechen das aus. 15 bis 20 Jahre lang waren sie fleißig, waren für andere da, haben den Spagat zwischen Haushalt und Berufstätigkeit geschafft und sind dann körperlich und seelisch am Ende. Mit Make-up lassen sich die Spuren der Überanstrengung nicht mehr überdecken. Frauen in dieser Alterszone sind oft fix und fertig mit sich und der Welt. Viele denken dann: *„Das war's jetzt wohl. Ich habe was falsch gemacht. Ich war einfach nicht so schlau wie andere. Aber was habe ich nur falsch gemacht? Ich wollte es doch gut machen."*

Ständige Selbstvorwürfe treiben dazu an, angebliches Fehlverhalten oder Minderleistungen zu kompensieren, indem man versucht, alles immer noch besser zu machen und sich – ungeachtet der eigenen Grenzen – dabei überfordert und unter Stress setzt. Chronische Erschöpfung (Burn-out) und Depression sind die Folge dieses selbstschädigenden Verhaltens. Wozu das führt, zeigt folgendes Beispiel:

Sina, 41:

„Ich habe immer als Powerfrau gegolten, die alles prima auf die Reihe bekommt, egal wie viel man mir aufbürdet. Ich habe das geschafft, weil ich über meine Grenzen gegangen bin, sie einfach ignoriert habe.

Inzwischen bin ich so ausgelaugt, dass ich den Eindruck habe, kaum noch mein Pensum bewältigen zu können. Immer häufiger fühle ich mich überfordert und müde und verspüre ein Bedürfnis nach immer mehr Ruhepausen. Doch die Erholung hält nicht mehr so lange an wie gewohnt. Genügte früher ein freies Wochenende, um für die nächste Arbeitswoche Kräfte zu tanken, brauche ich immer mehr Zeit, um wieder einsatzbereit zu sein.

Um der Mehrfachbelastung als Abteilungsleiterin bei einer Versicherung, Mutter zweier Kinder und der Betreuung meiner alten Eltern gewachsen zu sein, nehme ich sogar immer wieder Urlaubstage, um meine Leistungsfähigkeit irgendwie aufrechtzuhalten.

Es fällt mir zunehmend schwerer, nach der Arbeit abzuschalten. Die Probleme aus dem Berufsalltag verfolgen mich in meiner Freizeit und stören die notwendige Regenerationsphase. Ich bin immer weniger dazu in der Lage, mich vor Stress zu schützen bzw. ihn unwirksam zu machen."

Sina hat sich lange Zeit übernommen, ihre Grenzen ignoriert und ist in die Stressfalle geschlittert. Sie befindet sich in der Phase einer chronischen Überforderung. Die Folge ist ein Erschöpfungssyndrom, das sehr oft im Burnout gipfelt, weil die Regenerationsfähigkeit zusammengebrochen ist.

Teil II

Wege aus der Mutterfalle

1.
Der Umgang mit Vorwürfen

Vorwürfe und Kritik bleiben niemandem erspart, auch Müttern nicht. Sie wollen zwar alles richtig machen und ihr Bestes geben, bekommen aber häufig negative Rückmeldungen von ihren Kindern. Dann geht es darum, souverän mit Vorwürfen und Kritik umzugehen.

Angenommen, Ihre Tochter hat sich darüber geärgert, dass Sie etwas abgelehnt haben. Dann kann es sein, dass sie zu Vorwürfen greift, um ihren Frust abzubauen oder um Sie zu manipulieren. Sie als Mutter sind dann der Prellbock.

Da Gefühle oft stärker als der Verstand sind, vergreift sich Ihre Tochter auch noch im Ton. Wie reagieren Sie darauf? Hoffentlich nicht auf die gleiche Art und Weise, denn das wäre unwürdig. Niemand zwingt Sie, sich darüber zu ärgern, denn objektiv gesehen entstehen negative Gefühle letztlich nur durch Ihre Bewertung der Situation.

Wenn Sie mit Vorwürfen überschüttet und angegriffen werden, haben Sie grundsätzlich vier Möglichkeiten, damit umzugehen:

Zustimmung, Gegenwehr, Ausweichen, Standhalten.

<u>Zustimmung:</u> Zeigen Sie Verständnis für den Ärger Ihrer Tochter/Ihres Sohnes. Überraschen Sie ihn/sie, indem Sie zustimmen. Die Vorwürfe können Sie – bei besserer Gesprächsatmosphäre – hinterher relativieren. Entschuldi-

gen Sie sich, wenn der Fehler klar bei Ihnen liegt. Bieten Sie Ihre Hilfe an. Fragen Sie: Was kann ich tun? Wie kann ich es wiedergutmachen?

Gegenwehr: Weisen Sie die Attacken freundlich, aber entschieden zurück. Rufen Sie Ihre angreifende Tochter bzw. Ihren Sohn zur Ordnung, indem Sie sich deren Ton oder Wortwahl verbitten. Bringen Sie sachliche Gegenargumente vor, die Ihr Verhalten oder Tun begründen. Sagen Sie klar, was Sie wollen und was nicht.

Standhalten: Betonen Sie, dass Sie Ihr Bestes geben oder nach bestem Wissen und Gewissen gehandelt haben. Weisen Sie darauf hin, dass jeder Fehler macht. Wiederholen Sie immer wieder Ihren Standpunkt oder ihre Entschuldigung.

Ausweichen: Lassen Sie Ihre Tochter oder Ihren Sohn seine Vorwürfe genauer erklären. Bitten Sie ihn oder sie, mehr Einzelheiten oder die ganze Geschichte zu erzählen. Sagen Sie, dass Sie nicht sofort darauf reagieren können. Bitten Sie um Zeit, um nachzudenken oder bestimmte Fakten zu klären. Ein oftmals perfektes Ausweichmanöver ist die entwaffnende Gegenfrage *„Warum sagst du das?“, oder: „Was wolltest du damit sagen?“* Damit gehen Sie in die passive Rolle und überlassen Ihrem Sohn bzw. Ihrer Tochter den aktiven Part.

Oft ist eine Mischung der verschiedenen Strategien zielführend, z. B. zunächst ausweichen, Zeit gewinnen, den Gesprächsgegner sich abreagieren lassen und sich dann wehren. Oder: Teilweise oder ganz zustimmen, für eine gute Gesprächsatmosphäre sorgen und dann aber standhalten.

Die wichtigste Regel aber lautet: Zeit gewinnen, Zeit gewinnen und noch mal Zeit gewinnen, bis sich Ihre Tochter/Ihr Sohn nicht mehr im „hormonellen Ausnahmezustand“ befindet.

Indem Sie als Mutter Verbalattacken relativieren und sie als etwas Normales betrachten, gelingt es Ihnen eher, gelassen und souverän zu bleiben, denn Sie bestimmen, wie Sie mit Vorwürfen umgehen wollen, ob Sie sich aufregen oder ärgern. Denken Sie daran: *„Der, der uns ärgert, beherrscht uns“* (Chinesisches Sprichwort). Deshalb sollten Sie in Zukunft bei Kritik und Vorwürfen Ihrer Kinder erst dann reagieren, wenn Sie es selbst für angebracht halten. Hilfreich ist eine positive mentale Programmierung: *„Ich reagiere in allen Situationen überlegt und souverän.“*

Niemand ist seinen Gefühlen hilflos ausgeliefert, er kann sie in Grenzen selbst erzeugen und damit bestimmen. Viele glauben ihren Ärger dadurch loszuwerden, indem sie darüber sprechen. Doch Vorsicht: Allein die Vorstellung an den Ärger genügt oft, um sich erneut zu ärgern.

Eine Anti-Ärger-Strategie ist oft die bessere Strategie, mit Vorwürfen umzugehen – zum Beispiel mit Ablenkungstechniken. Man kann nämlich zur gleichen Zeit immer nur einen Gedanken denken. Deshalb sollte man sich bewusst in eine positive Stimmung versetzen, sich etwas Gutes tun oder etwas unternehmen, was Spaß macht, anstatt dem Ärger allzu viel Raum zu lassen.

„Dass die Vögel der Sorge und des Kummers über deinem Haupt fliegen, kannst du nicht ändern. Aber dass sie Nester in deinem Haar bauen, das kannst du verhindern.“ (Martin Luther)

Eine der wichtigsten Hilfen beim Umgang mit Vorwürfen ist ihre Analyse: Sind die Vorwürfe gerechtfertigt oder ungerechtfertigt? Dabei können Vorwürfe angemessen oder unangemessen sein, d. h. ein Körnchen Wahrheit enthalten, aber auch völlig aus der Luft gegriffen sein und jeglicher Grundlage entbehren.

Im Folgenden schildere ich, wie Sie als Mutter mit bestimmten Vorwürfen Ihres Kindes umgehen können.

Der Vorwurf, das Kind nicht genug geliebt zu haben

Bei diesem Vorwurf zeigt sich, dass die Unterscheidung, ob ein Vorwurf eines Kindes ungerecht oder gerecht ist, nicht immer leichtfällt, ja, problematisch sein kann.

Es gibt Kinder, deren Mütter sich redlich bemühten, ihnen all das zu geben, was sie brauchten. Trotzdem werfen die Kinder ihnen irgendwann vor, sich nicht genug geliebt gefühlt zu haben. Und so sehen sich viele Mütter einem Vorwurf ausgesetzt, den sie oft nicht nachvollziehen können, den sie als ungerecht empfinden und der sie kränkt. Entscheidend ist aber nicht, ob dieser Vorwurf berechtigt ist – wer wollte das im Einzelnen nachweisen –, sondern dass das Kind einen Liebesmangel empfunden hat.

Antje, 44:

„Ich habe lange darunter gelitten, dass meine Mutter mich emotional verhungern ließ. Erst spät begriff ich, dass auch sie emotional vernachlässigt wurde und mir

nicht geben konnte, was ich brauchte. Sie gab nur unbewusst weiter, was sie gelernt hatte. Manchmal gibt es nur einen Weg zur Selbstheilung: Wenn Mütter toxisch geworden sind und ihre Kinder nur nach unten ziehen, gibt es nur einen Weg, sich zu retten, sich zu trennen. Das klingt hart, ist aber notwendiger Selbstschutz. Für mich war es so. Ich habe mich von meiner emotionslosen Mutter ohne Groll getrennt, denn ich kann sie für ihr Sein nicht verantwortlich machen. Sie kann nicht anders und kennt es nicht anders und sie wird nie begreifen, was mir fehlt. Das weiß ich nach ungezählten Versuchen, ihr meine Gefühle verständlich zu machen. Es geht ihr schlecht, seit ich sie kenne, sie ist die ewig Benachteiligte. Ich habe den Kontakt zu ihr abgebrochen, weil ich sonst zerbrochen wäre. An irgendeinem Tag x begriff ich das und zog die einzige für mich richtige Konsequenz. Dass ich nun nicht mehr die liebe Tochter bin, damit kann ich umgehen. Es war ein langer Weg, aber kein unmöglicher. Ich kann allen Betroffenen das Buch ‚Abschied von den Eltern' empfehlen. Es ist sehr einfühlsam geschrieben aus der Sicht beider Seiten. Für mich war es sehr hilfreich."

Bei allen Konflikten ist es sinnvoll, sich einmal in die Situation des anderen zu versetzen, also einen Perspektivwechsel vorzunehmen. So könnte zwar nicht die Tatsache des Liebesdefizits bestritten, aber der Vorwurf gegenüber der Mutter relativiert werden, wenn man sich mit der Biografie der Mutter beschäftigen würde.

Die Forschung zeigt, dass Gefühlsarmut und die Unfähigkeit, eine Bindung zu den eigenen Kindern aufzubauen, fatalerweise von einer Generation an die nächste weitergegeben wird [17], denn Mütter können ihren Kindern nur geben, was sie selbst bekommen haben. Manchen Müttern fehlt die Liebesfähigkeit deshalb, weil sie diese von ihren eigenen Müttern nicht erfahren haben. Würden Kinder dies in ihre Beurteilung einbeziehen, wären sie sicherlich gerechter.

In der Mehrheit der Fälle haben alle Mütter die besten Absichten und wollen für ihre Kinder nur das Beste. Welche Mütter möchten schon bewusst und willentlich einem Kind etwas Schlechtes antun oder ihm Steine in den Weg legen? In der Regel bemühen sich Mütter darum, gute Mütter zu sein. Meist setzen sie ihre ganze Energie ein, damit es ihren Kindern besser gehe, als es ihnen selbst ergangen ist. Doch das gelingt ihnen nicht immer oder nicht im gewünschten Maße.

Mütter haben ihre eigenen Defizite, Probleme und Schwächen – und diese wirken sich auf den Umgang mit ihren Kindern aus: Sie haben evtl. Beziehungsprobleme, Liebeskummer und eine Trennung zu verarbeiten, finanzielle Sorgen, sie werden arbeitslos, krank, müssen vielleicht ständig den Wohnort wechseln oder sind zu manchen Zeiten ihres Lebens schlichtweg überfordert, weil sie alles erkämpfen müssen.

Es gibt aber noch eine andere Dimension des Vorwurfes, nicht genug geliebt worden zu sein. Sie bezieht sich auf die ungleiche Verteilung der Liebe auf die Geschwister (vgl. oben: Teil I, Kapitel 3, Unterkapitel *„Der Vorwurf, das Kind ungerecht behandelt zu haben"*).

Auch ich habe mich Vorwürfen ausgesetzt gesehen und mich fragen müssen, ob das alles stimmte, was mir da vorgeworfen wurde. Viele Fragen schossen mir bei verschiedensten Frontalangriffen durch den Kopf: Stimmt es, was meine Kinder über mich sagen? Bin ich wirklich so? Bevorzuge ich eines der Kinder? Bin ich so ungerecht, wie die Kinder es darstellen? Liebe ich ein Kind mehr als das andere? Dabei meine ich, gerecht zu sein. Ich bin sicher, dass ich kein Kind einem anderen vorziehe. Ich bin überzeugt, dass ich nicht ein Kind mehr liebe als das andere. Und doch diese Vorwürfe? In diesem Zusammenhang muss ich an meine eigene Kindheit denken:

Wir sind 3 Geschwister zu Hause gewesen, in dichter Geburtenfolge. Ich war das Sandwichkind. Meine älteste Schwester genoss einen Sonderstatus, sie war, wie meine Eltern öfter betonten, die „wahre Tochter". Meine jüngste Schwester war das Nesthäkchen und ich hatte eben eine ungünstige Position, dazwischen eben.

Drehte meine älteste Schwester durch, sagte meine Mutter zu mir: *„Nun nimm doch Rücksicht. Du weißt doch, dass ... schwierig ist. Du bist doch von allen die Klügere."*

Damit manipulierte sie mich und ließ – um Ruhe zu haben – bei ihrer ältesten, schwierigen Tochter alles durchgehen. Wenn meine jüngste Schwester etwas wollte oder nicht konnte, hieß es immer: *„Hilf ihr mal eben."* Machten wir drei Unsinn, bekam ich als Übeltäterin Schimpfe, denn alle schlechten Ideen konnten nur von mir kommen. Ich galt als Anstifterin und deshalb machte meine Mutter sich auch keine Mühe herauszufinden, wer für was verantwortlich war. Meine Mutter äußerte häufig: *„Die ... ist meine wahre Tochter."* Im gleichen Atemzug aber behauptete sie immer, alle gleich zu halten und gleich zu behandeln. Aus meiner Wahrnehmung heraus war sie sehr ungerecht und bevorzugte ihre älteste Tochter. Ich hielt die Beteuerungen meiner Mutter, alle gleich zu lieben und zu behandeln, für unwahr, denn ich erlebte sie schließlich ganz anders!

Schon immer glaubten Kinder, ungerecht behandelt zu werden, hinter den Geschwistern zurückstehen zu müssen. Eltern, heute wie damals, beteuern, kein Kind dem anderen vorzuziehen – und empfinden die Vorwürfe der Kinder als unberechtigt.

Wir dürfen eines nicht aus den Augen verlieren: Jeder hat seine Wahrnehmung und Sicht. Mütter sehen das einzelne Kind und seine persönlichen Stärken und Schwächen. Das Kind dagegen sieht vordergründig das Verhalten, die Reaktion der Mutter, hört Lob oder Tadel.

Dass aber „Gleich-Liebhaben“ nicht „gleich behandeln“ bedeutet, sondern oft das Setzen unterschiedlicher Maßstäbe, führt zu Unverständnis. Ein Kind, dem die Rechtschreibung schwerfällt, wird für *nur* 5 Fehler im Diktat gelobt. Einem Kind, das normalerweise fehlerfrei schreibt, wird für wenige Fehler kein Lob ausgesprochen, eher wird es getadelt. Und das Kind? Es sieht: gleiche Fehlerzahl, da Lob, hier Tadel – *„War ja klar, an mir wird immer herumgemotzt und ich bekomme nie Anerkennung!“*

Wenn ein Kind feststellt, *„der braucht wieder nicht beim Küchendienst mitzuhelfen …“*, oder: *„die hat schon wieder ihren Willen bekommen …“*, und es handelt sich über längere Zeit immer um dasselbe Kind, ist das ein Grund, nachdenklich zu werden. Dann liegt eine offensichtliche Ungleichbehandlung vor, indem ein Kind bevorzugt und ein anderes benachteiligt wird.

Ich glaube, dass sich alle Mütter um Gerechtigkeit bemühen, aber auch sie können nicht völlig ausschließen, dass sie sich zu einem ihrer Kinder möglicherweise etwas mehr hingezogen fühlen. Oft ist zu beobachten, dass Mütter, ohne dass es ihnen bewusst sein muss, ein Kind bevorzugen. Der jüngste Sohn, der „Strahlemann" mit seiner offenen Art und seinem gewinnenden Wesen hat es nicht nur im Kindergarten und in der Schule leichter, sondern hat auch noch bei seiner Mutter und in seiner Familie eine exponierte Stellung. Die anderen Geschwister, die sich auf verschiedenste Weise bemühen, gleiche Aufmerksamkeit und Liebe der Mutter zu erringen, fühlen sich zurückgesetzt und ungerecht behandelt.

Eigentlich sollten alle Kinder von ihren Müttern vorurteilsfrei angenommen und gleichermaßen geliebt werden. Aber es gibt zahlreiche, oft unbewusste Gründe, die das verhindern. Vielfach spielen dabei *„Übertragungen"* eine Rolle: Da kommt beispielsweise die eine Tochter optisch oder vom Verhalten her ganz auf die dominante Schwester heraus, unter der ihre Mutter in ihrer Kindheit stets zu leiden hatte. Da entpuppt sich der jähzornige Sohn als Neuauflage des despotischen Vaters, der die ganze Familie tyrannisierte.

Ja, es ist ungerecht, wenn die „angepassten" Kinder, also jene, die die Erwartungen der Eltern erfüllen, nicht gewürdigt werden. Mit Unverständnis reagieren sie auf die Überbewertung und Aufwertung derjenigen Geschwister, die sich alles erlaubt und herausgenommen haben. Das wird von den Kindern als ungerecht empfunden. Derjenige, der am wenigsten geleistet hat, wird offensichtlich am meisten geliebt. Die anderen Kinder, die sich angestrengt haben, um ihren Müttern zu gefallen und deren

Erwartungen zu erfüllen, fühlen sich zurückgesetzt und sind unendlich traurig und enttäuscht.

Von der Mutter ungerecht behandelt worden zu sein, hinterlässt bei Kindern brennende Seelenqualen, die ein Leben lang seelische Narben hinterlassen. Sie können keine Eigenliebe und Selbstakzeptanz entwickeln. Ihre Sehnsucht nach liebevoller Anerkennung bleibt unausgefüllt.

In zahlreichen Seminaren begegnete ich Menschen, die unter den Folgen mütterlicher Ungerechtigkeit noch im Erwachsenenalter litten und unter Selbstzweifeln, Minderwertigkeitskomplexen und diffusen Schuldgefühlen sowie unter dem Gefühl, *„ich bin irgendwie nicht gut genug"*.

Fast alle Mütter solcher Kinder beteuern, dass sie über die ganze Lebensspanne hinweg alle Kinder fair und gleich behandelt hätten. Von den Kindern wurde das jedoch oft ganz anders wahrgenommen. Was aber ist die Wahrheit? Vielleicht hilft es, die Perspektive des anderen einzunehmen, um seine Position nachzuvollziehen oder überzogene Vorwürfe zu relativieren.

Der Vorwurf, nicht genug gelobt und ermutigt worden zu sein

Kinder brauchen Anerkennung. Doch motivierendes Lob ist eine Kunst, genau wie aufbauende Kritik. Lob ist Ermutigung, Anerkennung, Kompliment, es macht stolz und spornt an. Kinder sind abhängig von der Anerkennung durch ihre Mutter und sie leiden und empfinden ein emotionales Defizit, wenn sie ausbleibt. Besonders geizig mit Lob und Anerkennung sind perfektionistische Mütter, die hohe Anforderungen an sich und andere stellen und grundsätzlich immer ein Haar in der Suppe finden.

Ramona, 46:

„Ich hatte eine Mutter, die, wenn sie überhaupt etwas kommentierte, immer ein Haar in der Suppe fand. Immer war irgendetwas nicht richtig oder nicht gut genug. Nie hörte ich von ihr etwas Wohlwollendes. Irgendwie gab es immer etwas zu nörgeln und zu kritisieren, zu langsam, zu ungenau, zu ungeschickt. Ich verinnerlichte ihre Botschaft, was dazu führte, dass ich mir nichts mehr zutraute."

Vielleicht wurde im Fall Ramona jeder von der Mutter kritisiert. Der Postbote kam nie rechtzeitig, die Nachbarn hatten keinen Geschmack, die Tanten waren zu dick, die Großeltern zu neugierig und der Pastor zu langatmig.

Wer als Kind mit dem Empfinden aufgewachsen ist, nichts richtig gemacht zu haben, und ständig kritisiert statt ermutigt wurde, der hat ein Defizit, weil er von den Menschen, die für ihn wichtig waren, nicht anerkannt wurde.

Für Kinder ist es wichtig, dass sie und ihre Leistungen durch ein anerkennendes Lob ihrer Mutter und wichtigsten Bezugsperson bestätigt werden, auch für kleine Erfolge. Mütterliches Lob verschafft Kindern aber nur dann Anerkennung, Wertschätzung und Stolz, wenn es ehrlich gemeint ist und nicht mechanisch erfolgt.

Auch ich habe meine Kinder viel zu wenig gelobt, weil ich eine Perfektionistin war und nur etwas erwähnens- oder lobenswert fand, wenn es makellos war. Meine Kinder haben mir das auch später einmal vorgeworfen: *„Mama, du hast uns zu wenig gelobt."* Sie hatten recht und heute weiß ich, wie sehr Menschen auf ein Lob, ein Kompliment, ein nettes Wort der Anerkennung angewiesen sind, vor allem Kinder. Ich erkannte leider erst viel später, dass ich das Opfer meiner eigenen Erziehung/Prägung geworden war. Das Erziehungsmotto meiner Eltern lautete: *„Keine Kritik ist auch schon ein Lob!"*

Wer als Kind Lob und Anerkennung vermissen musste und fortwährend kritisiert wurde, der neigt oft auch als Erwachsener dazu, sich selbst und andere herabzusetzen. Dauernde Kritik und zu wenig Lob führen dazu, dass man sich nichts mehr zutraut und entmutigt wird, etwas Neues auszuprobieren, wie es die folgende Metapher ausdrückt:

„Es kritisierte jede Blume dieses hochnäsige Kraut, bis es eines Morgens erwachte – siehe, da war's ein Unkraut."

Da Menschen aus Fehlern lernen können, ist heute wohl unbestritten, dass Lob besser ist als Strafe. Und doch wird dieser Erziehungsgrundsatz von vielen Müttern im Alltagsstress oft vergessen. Fragt man sich einmal ehrlich, wie oft am Tag man sein Kind lobt und wie häufig man es tadelt, dann zeigt sich oft, dass der Tadel überwiegt. Dabei brauchen Kinder Lob genauso sehr wie Liebe und klare Grenzen.

Kinder brauchen die Grunderfahrung, dass ihre Mütter und andere Erwachsene viel von ihnen halten, ihnen etwas zutrauen und sie ohne Vorbehalte anerkennen. Dabei sollten Mütter ihr Kind nicht ständig mit anderen vergleichen, denn es gibt immer Kinder im gleichen Alter, die etwas noch besser können. Diese „Konkurrenz“ kann schnell einen Leistungsdruck erzeugen, den die Mütter dann oft unbewusst auf ihr Kind übertragen und es damit überfordern. Unter diesem Gesichtspunkt ist es wichtig, nicht nur die Leistung eines Kindes, sondern vor allem auch seine Bemühungen zu loben. Ein Kind, das sich und seine Fähigkeiten nicht genügend geschätzt fühlt, kann leicht unglücklich, verbittert und unsicher werden. Ständige Kritik hat einen negativen Einfluss auf das Selbstbewusstsein eines Kindes.

Andererseits gibt es auch Kinder, die von ihren Müttern den ganzen Tag über für jede Kleinigkeit gelobt werden. Das kann dazu führen, dass das Lob irgendwann seine Wirkung verliert, weil es ja nichts Besonderes mehr ist. Im ungünstigsten Fall kann es sogar zu Narzissmus (Selbstverliebtheit, Selbstüberschätzung oder Arroganz) führen. Loben sollte man nur, wenn es auch wirklich etwas zu loben gibt. Zum Beispiel wenn ein Kind sich angestrengt hat, wenn es viel Zeit und Arbeit in eine Aufgabe investiert hat und/oder wenn es ein gutes Ergebnis, z. B. beim Sport, erzielt hat. Lob sollte niemals oberflächlich dahergesagt werden, denn Kinder sind sensibel, können ihre Leistung häufig selbst ganz gut einschätzen.

Und – warum sind Lob und Ermutigung so wichtig? Experten sind sich einig: Lob und Ermutigung gehören zu den sozialen Grundbedürfnissen des Kindes, sich geborgen und sicher zu fühlen, in seinen Fähigkeiten anerkannt zu werden, aber auch einen Platz in der Gemeinschaft zu haben. Kinder sollten erfahren: „Ich werde so geliebt, wie ich bin.“ Darüber hinaus sollten sie in ihren Fähigkeiten und Bestrebungen ermutigt werden. Lob und Ermutigung führen dazu, dass das Selbstbild des Kindes positiv bestärkt wird, dass Ängste verringert, Problemlösungen gefunden werden und mehr Selbstzutrauen aufgebaut wird. Ein Lob ist eine Streicheleinheit, ein Zeichen der Zuwendung.

Kinder brauchen zur Ausbildung eines realistischen Selbstbildes aber auch konstruktive Kritik.

Der Vorwurf, das Kind nicht genug beschützt zu haben

Stellen Sie sich vor, dass ein erwachsenes Kind seiner Mutter vorwirft, es vor den Schlägen oder sogar vor Missbrauch des alkoholisierten Vaters nicht geschützt zu haben. Man kann davon ausgehen, dass die Vorwürfe den Tatsachen entsprechen.

Muss nicht gefragt werden, ob es der Mutter möglich gewesen wäre, dem Vater Einhalt zu gebieten, vor allem dann, wenn sie selbst Angst hatte und eingeschüchtert war?

Eingeschüchterte Mütter sind unfähig, sich selbst zu wehren und ihre Kinder zu beschützen. Sie wurden meist sehr autoritär erzogen, hatten sich dem Willen ihrer Eltern zu unterwerfen. Die Erziehung und Prägung basierte auf Kontrolle, Angst und Gewalt, was dazu führte, dass kein Selbstbewusstsein aufgebaut werden konnte.

Wie soll eine Mutter, die einem so schwergewichtigen Vorwurf ausgesetzt ist, ihr(e) Kind(er) nicht genug geschützt zu haben, damit umgehen? Die meisten Mütter reagieren reflexhaft mit Abwehr, indem sie bestreiten, dass das so gewesen sei. Damit schützen sie unbewusst ihr Selbstbild und entziehen sich ihrer Verantwortung. Ihr seelischer Abwehrmechanismus lässt den Vorwurf nicht zu und wehrt ihn als aus ihrer Sicht ungeheuerlich ab.

Es gibt aber auch Mütter, die einen solchen Vorwurf ernst nehmen, ihn relativieren und daraufhin überprüfen, inwieweit er zulässig ist. Sie nehmen ihre Fehler und ihr Unvermögen zur Kenntnis und übernehmen die Verantwortung dafür.

Jutta, 59:

„Der Vorwurf ist berechtigt. Ich habe versagt, denn ich hätte meine Kinder vor Gewalttätigkeit ihres Vaters nach einem Alkoholexzess schützen müssen."

Jutta reagiert auf den Vorwurf mit Anerkennung ihres Versagens und übernimmt die Verantwortung dafür. Sie sieht ihren Fehler und ihr Versagen ein. Andere Mütter würden vielleicht so darauf reagieren:

„Ich war unfähig, meine Kinder vor Gewalttätigkeit ihres Vaters nach einem Alkoholexzess zu schützen, weil ich selbst Angst vor ihm hatte."

Mit dieser Rechtfertigung begibt sich eine so argumentierende Mutter aber in die Opferrolle, in der sie die Verantwortung für ihr Versagen ablehnt und es mit eigener Angst rechtfertigt bzw. relativiert.

Einsichtsfähigkeit ist gut und hilfreich, weil damit die Gefühle des beeinträchtigten Kindes anerkannt werden.

Selbstvorwürfe und Selbstgeißelung: „Ich hätte mich anders verhalten müssen. Wie konnte ich mich nur so verhalten?“, dagegen sind destruktiv, weil sie niemandem mehr nützen.

Neben allem Verständnis für ein Kind, das Vorwürfe erhebt, weil es unter dem Unvermögen seiner Mutter, es zu schützen, gelitten hat, sollte eine Mutter nicht in Selbstvorwürfen steckenbleiben, sondern sich eingestehen:

„Ich habe damals so reagiert, weil ich nicht anders konnte. Ich konnte nur danach handeln, wie es mir in der entsprechenden Situation möglich war, auch wenn es sich heute als falsch herausstellt. Ich wollte meinem Kind nicht schaden.“

Wie kann oder sollte eine Mutter, die unter solchen oder ähnlichen Bedingungen lebte, mit dem Vorwurf umgehen, die Kinder nicht genug beschützt zu haben? Nach meiner Meinung führt es nicht weiter, die zugrundeliegenden Tatsachen zu bestreiten. Man muss diese Vorwürfe akzeptieren. Aber man kann das mit einer gewissen Ruhe und Gelassenheit tun, da man die Hintergründe kennt und weiß, dass man aufgrund seiner Persönlichkeit zu einer bestimmten Zeit keine Alternative hatte.

Es ist wichtig, sich einen Fehler einzugestehen, auch wenn er nicht mehr zu korrigieren ist. Es ist jedoch ungesund, sich ständig den Fehler wieder vorzuwerfen. Sie haben getan, was Sie für richtig hielten und wozu Sie zu dem Zeitpunkt körperlich und psychisch fähig waren. Wenn Sie es heute anders sehen, dann können Sie sich heute anders verhalten. Damals waren Sie noch nicht so weit.

Der Vorwurf, sich nur für sich selbst interessiert zu haben

Auch hierbei, also dem Vorwurf des Egoismus (siehe oben: Teil I, Kapitel 3, Unterkapitel *„Der Vorwurf, sich nur für sich selbst interessiert zu haben“*), geht es um die Frage, inwieweit er berechtigt ist.

Es fällt sicherlich jedem Menschen schwer, sich einzugestehen, rein egoistisch zu handeln oder gehandelt zu haben. Deshalb empfinden auch die meisten Mütter diesen Vorwurf ihrer erwachsenen Kinder als ungerecht.

Egoismus ist eine negativ besetzte Charaktereigenschaft und deshalb müssen Kinder, die ihren Müttern das vorwerfen, mit heftiger Abwehr rechnen, weil eine solche Eigenschaft mit dem Selbstbild der Mutter nicht vereinbar ist. Darüber hinaus gibt es komplizierte Verdrängungsmechanismen, die verhindern, dass eine Mutter einen solchen Vorwurf anerkennen kann. Meist empfinden Mütter einen solchen Vorwurf als ungeheuerlich, unwahr, ungerecht und das Verhalten der Kinder undankbar.

Aus meiner Beratungspraxis ist mir ein Fall einer Mutter in Erinnerung, die von ihren erwachsenen Töchtern – wie sie sagte – von heute auf morgen verlassen wurde. Diese Mutter fühlte sich als Opfer und wusste überhaupt nicht, warum ihr das angetan wurde. Das Besondere war, dass ihre Töchter beide bereit waren, darüber zu reden, warum sie diesen Schritt gegangen sind. Und so konnte ich mir aus der Wahrnehmung der Mutter und der Töchter ein Bild machen.

Nach der Beratung war mir klar, was die Töchter so verletzt hatte, nur die Mutter konnte es nicht verstehen. Laut Aussage der Töchter hatten beide schon Jahre vorher versucht, Konfliktpunkte anzusprechen. Sie warfen ihrer Mutter vor, sich selbst und ihre Gefühle bei allem in den Mittelpunkt zu stellen. Nachdem sie mit ihrer Kritik immer wieder auf taube Ohren gestoßen seien, sei irgendwann das Maß der Enttäuschung voll gewesen. In der Folge haben beide Töchter resigniert und sich zurückgezogen. Für mich war klar: Die Reaktion der Töchter kam der Mutter als ein *plötzlicher* Kontaktabbruch vor, weil sie offenbar wichtige Signale übersehen hatte und unfähig gewesen war, auf die Kritik ihrer Kinder einzugehen.

Mütter können mit dem Vorwurf, egoistisch gewesen zu sein, dann am besten umgehen, wenn sie erkennen, warum er erhoben wurde. Mütter, die mit dem Vorwurf des Egoismus konfrontiert werden, sollten prüfen, ob er berechtigt oder unberechtigt ist. Unberechtigt ist er, wenn er *gesunden* Egoismus anprangert. Gesunder Egoismus ist, wie schon ausgeführt, ein Bestandteil unseres Selbsterhaltungstriebes, der auch die Interessen anderer berücksichtigt. Jeder Mensch ist also bis zu einem gewissen Punkt egoistisch.

Sie müssen sich für gesunden Egoismus weder rechtfertigen noch entschuldigen oder gar in Sack und Asche gehen. Gesunder Egoismus schützt Sie davor, vereinnahmt oder ausgenutzt zu werden und am Ende auf der Strecke zu bleiben.

Folgende Gesichtspunkte sind für Sie wesentlich:

1. War Ihr Verhalten als Mutter objektiv notwendig?
2. Hat Ihr Kind objektiv unter Ihrem Verhalten gelitten?
3. Wurde oder wird der Vorwurf Ihres Kindes manipulativ eingesetzt?

Zu 1: Wenn Sie als Mutter aus finanziellen Gründen gezwungen waren zu arbeiten und dadurch zu wenig Zeit für Ihr Kind hatten, ist dieser Vorwurf des Egoismus ohne Zweifel ungerecht.

Zu 2: Als Mutter handeln Sie keineswegs egoistisch, wenn Sie im Einklang mit Ihren Bedürfnissen leben. Sie haben sogar ein Recht darauf, sich Ihre Bedürfnisse im Rahmen Ihrer Möglichkeiten zu erfüllen, um damit das auszugleichen, was Sie durch Dauereinsatz für Ihre Kinder und Ihre Familie geben.

Die Überschreitung der Grenze vom gesunden zum rücksichtslosen Egoismus liegt z. B. vor, wenn eine Mutter zum VHS-Kurs geht, obwohl ihr Kind mit Fieber im Bett liegt und gerade dann seine Mutter braucht. Wenn ein Kind allerdings gesund und gut versorgt ist, z. B. durch den Vater oder eine andere Bezugsperson, besteht kein Grund, sich als Mutter Schuldgefühle machen zu lassen, weil sie etwas für sich selbst tut. Im Gegenteil sollten Mütter, die vorgeworfen bekommen, egoistisch gewesen zu sein, mit einer gesunden Portion Selbstbewusstsein und Eigenliebe darauf reagieren.

Zu 3: Manchmal werden Sie aber auch erkennen, dass der Vorwurf, Sie seien als Mutter egoistisch gewesen, auch gezielt manipulativ eingesetzt wird, um Ihnen ein schlechtes Gewissen zu machen, und – weil Ihre Kinder damit von eigenen egoistischen Motiven abzulenken versuchen. Dann ist Standhaftigkeit angesagt und – sich als Mutter bewusst zu machen, dass die Vorwürfe der Kinder nichts anderes als Ausdruck puren eigenen Egoismus' sind!

Wenn ich mir die Vorwürfe von Kindern anhöre, ist eigentlich alles egoistisch, was Mütter tun oder auch nicht, sogar die Entscheidung für oder gegen ein Kind kann ihnen als Egoismus ausgelegt werden. Dieses allgemeine „Mütterbashing", das die Lebens- bzw. Familienumstände nicht berücksichtigt, ist oft Egoismus unersättlicher Kinder, die ihren Müttern nicht zugestehen, eigene Wünsche und Bedürfnisse zu haben und diese sich auch zu erfüllen.

Kritik an Lebensentscheidungen der Mutter

Der Vorwurf des Egoismus wird auch erhoben, wenn es eigentlich um die Kritik an Lebensentscheidungen und dem Lebensmodell der Mutter geht, wie folgendes Beispiel zeigt:

Ingrid, 56:

„Meine Tochter fand es egoistisch, dass ich nach einer gescheiterten Ehe einen zweiten Start gewagt und erneut geheiratet habe. Im Gegensatz zu ihr bin ich der Meinung, dass ich nicht nur Mutter bin, sondern auch eine Frau, und nur ein Leben habe, das mir das Recht zur

Selbstbestimmung und Gestaltung gibt. Ich bin immerhin 11 Jahre allein geblieben und habe erst erneut geheiratet, als meine Kinder erwachsen waren. Meiner Meinung nach habe ich genügend Entsagungen auf mich genommen und finde den Vorwurf, egoistisch zu sein, hochgradig ungerecht."

In diesem Fall ist die Lage eindeutig: Kinder haben kein Recht, die Lebensentscheidungen ihrer Mütter in Frage zu stellen, insbesondere dann, wenn sie selbst zum Zeitpunkt der Entscheidung schon erwachsen sind, denn auch Mütter haben ein Recht auf ein eigenes Leben und auf Liebe, in welcher Form auch immer.

Die meisten Mütter sind froh, wenn ihre Kinder aus dem Gröbsten heraus und endlich erwachsen sind und sie sich endlich von der Verantwortung befreien können. Viele Mütter schauen dann voller Stolz auf ihre Kinder und darauf, was mit Hilfe ihres unermüdlichen Einsatzes aus ihnen geworden ist. Eigentlich ist doch alles wunderbar, oder etwa nicht? Im Prinzip ja, wenn da nicht die verunsichernde Kritik ihrer Kinder wäre. Schonungslos werfen sie ihrer Mutter vor, worunter sie gelitten hätten, wo sie zu kurz gekommen seien und überhaupt, wie schwer doch ihre Kindheit gewesen sei.

Gitta, 57:

„Meine 18-jährige Tochter hat mir beim sonntäglichen Mittagessen vorgeworfen: ‚Immer war dein Beruf an erster Stelle. Ich vermisse es bis heute, dass wir niemals einen gemeinsamen Alltag hatten. Also ich mache das später ganz bestimmt nicht so wie du. Wenn ich mir ein Kind

anschaffe, dann bin ich auch dafür da!' Und das beim sonntäglichen Mittagessen. Ich war sehr gekränkt, versuchte aber trotzdem, meiner Tochter eine Antwort darauf zu geben, dass ich gar keine andere Option hatte, als berufstätig zu sein.

Ich erklärte meiner Tochter, dass ihr Vater eine Insolvenz hingelegt und ich gezwungen war, arbeiten zu gehen, um die Schulden abzutragen. Darauf reagierte sie abwehrend: ‚Hätte ich mir ja gleich denken können, dass du nicht kritikfähig bist und für alles eine Entschuldigung findest.' Ich spürte, dass sie meine Perspektive gar nicht sehen wollte, sondern sich selbst als Opfer."

Das Fallbeispiel zeigt, dass es immer etwas zu bemäkeln und zu kritisieren gibt, weil Kinder sich grundsätzlich immer etwas anderes wünschen als das, was sie haben oder gehabt haben. Nicht selten beklagen sie, eine „schlimme Kindheit" gehabt zu haben.

Die meisten Mütter trifft diese Pauschalabwertung ganz empfindlich. Um sich nicht verunsichern zu lassen oder in Selbstzweifeln zu ergehen, sollten Mütter sich bewusstmachen, dass viele Kinder so hart und ungerecht sind, weil sie sich von ihren Eltern emanzipieren und betont anders sein und alles anders machen wollen. Sie sind noch sehr unsicher, wollen und müssen sich aber aus der Mutter-Kind-Symbiose befreien und werten auf der Suche nach einer eigenen Identität das ab, was ihnen ihre Mutter vorgelebt hat.

Was die Mutter auch machte oder auch nicht, es war auf jeden Fall verkehrt. Falsch war demnach alles, was sie tat oder unterließ. Dass Mütter keine Dankbarkeit für ihre Leistungen erwarten können, das ist allen klar. Wenn

Mütter aber mit Ungerechtigkeiten und Abwertungen konfrontiert werden, sollten sie mit Selbstbewusstsein dagegenhalten.

Sie haben gegeben, was sie zu geben hatten, und Lebensentscheidungen aufgrund ihrer Biografie, Prägung und den persönlichen Umständen getroffen, die ihre Kinder ja gar nicht beurteilen können. Darüber hinaus sollten sich Mütter bewusstmachen, dass ihre Kinder kein Recht haben, sie in Frage zu stellen, denn sie haben in der Regel selbst noch nichts vorzuweisen.

Nina, 34:

„Irgendwie habe ich den Eindruck, dass sich alle Mütter rechtfertigen müssen: Die Vollzeit-Mutter muss sich als Verantwortungslose und Abhängige rechtfertigen, weil sie kein Geld verdient, die Berufstätige muss sich rechtfertigen, weil sie den Hals nicht vollkriegt und alles will, aber dieses alles angeblich nur halb tut, und die Kinderlose muss sich rechtfertigen, weil sie dem Staat Nachwuchs vorenthält. Und alle Mütter rechtfertigen sich nicht nur vor sich selbst, der Familie, Freunden, irgendwelchen Arbeitgebern oder Nachbarn, sie rechtfertigen sich vor allem gegenüber anderen Frauen, von denen sie sich in Frage gestellt fühlen, weil sie eben anders sind. Wenn die andere die Doppelbelastung aushält, warum ich nicht? Wenn der Vollzeit-Mutter zu Hause nichts fehlt, warum mir dann?

Diese ständige Unsicherheit, ob wir die richtige Entscheidung treffen, ob wir genug tun, ob wir ‚richtig' sind! Und anstatt uns in unseren Entscheidungen gegenseitig zu unterstützen, teilen wir uns also in Kategorien ein und ernennen uns zur Konkurrentin. Ich finde das megadoof! Mir ist doch ganz egal, was andere Mütter machen, ob sie sich doppelt belasten möchten oder nicht, ob sie Kinder haben oder nicht. Ich bin gern Vollzeit-Mutter, habe mich bewusst dafür entschieden und es ist mir schnuppe, was andere darüber denken."

Und was ist eigentlich mit den Vätern unzufriedener Kinder? Auch die bleiben nicht ungeschoren, aber sie bekommen nicht die große Ladung an Vorwürfen ab, weil von ihnen sowieso nicht so viel Erziehungsleistung erwartet wird wie von den Müttern. Außerdem haben die meisten Väter ohnehin in der Erziehung eher durch Abwesenheit geglänzt und insofern konnten sie ja auch nicht so viel verkehrt machen. Abgesehen davon machen ihnen Vorwürfe nicht annähernd so viel aus wie Müttern, die sich viel schneller verunsichern und in Frage stellen lassen.

Über eine Generationenkette ist zu beobachten, dass die Schwerpunkte von Erziehung immer zwischen extremen Polen hin und her schwanken und dass jede nachfolgende Generation alles komplett anders machen will.

Wie sollten Mütter auf Vorwürfe ihrer Kinder, eine „schlimme Kindheit" gehabt zu haben, reagieren?

- Ich rate Ihnen als Mutter, sich nicht verunsichern zu lassen, sondern bei der Rückschau auf die Kindheit ihrer eigenen Kinder ihr Augenmerk darauf zu lenken, was Ihnen gelungen ist. Hilfreich kann dafür ein Blick in Fotoalben sein, der eine rückwirkende Betrachtung der Kindheit der eigenen Kinder ermöglicht und für überraschende Einsichten sorgen kann. Nicht umsonst lassen sich Therapeuten Fotoalben mit Bildern aus der familiären Vergangenheit zeigen. Die vielen Schnappschussaufnahmen sind nicht gestellt, Momentaufnahmen zwar, aber sie zeigen doch auch glückliche, strahlende Kinder zu Weihnachten, auf Familienfesten oder im Urlaub. Demnach kann nicht alles schlecht gewesen sein. Natürlich erinnern Fotos aus der Vergangenheit auch an schmerzhafte Erinnerungen. Kleinere Blessuren und Schrammen tragen wir alle davon, ohne die wächst niemand auf.

- Wer die Kindheit seiner Kinder aus angemessener Distanz betrachtet, sieht beides: was seinen Kindern gut gelungen ist und was nicht den eigenen Erwartungen entsprach. Man sieht auch leider manches, was man den Kindern gern hätte ersparen wollen.
- Mütter sollten es lernen, damit zu leben, dass die Wertschätzung ihrer Lebensleistung nicht von ihren Kindern oder von der Gesellschaft kommt. Stattdessen sollten sie sich davon unabhängig machen und selbstbewusst auf ihre Lebensleistung blicken.
- Mütter, die mit dem Vorwurf konfrontiert werden, ihr Kind hätte eine „schlimme Kindheit“ gehabt, sollten das eigentlich ignorieren, weil es ein pauschaler Vorwurf ist, der die Lebensleistung der Mutter abwertet und deshalb unzulässig und ungerecht ist.

Pauschale Vorwürfe

Zunächst sollten Mütter sich bewusstmachen, dass pauschale Vorwürfe, wie schon ausgeführt, grundsätzlich nichts anderes sein können als *ungerecht.* Um mit pauschalen Vorwürfen der Kinder umzugehen, ist ein Perspektivwechsel sinnvoll. Für die Mutter heißt das, ihr Kind aus seinem Erleben versuchen zu verstehen.

Die Frage ist, warum Kinder pauschale Vorwürfe erheben, aus denen manchmal sogar Verachtung spricht. Ich bin der Meinung, dass es sich um Kinder handelt, die sich emotional noch nicht von ihren Müttern emanzipiert haben. Sie fühlen sich zu kurz gekommen und nicht genug geliebt, beachtet und gewürdigt. Statt für sich und ihr Leben Verantwortung zu übernehmen, versuchen sie diese ihren Müttern zuzuschieben. Sie fühlen sich als Opfer.

Wie kommt es aber dazu, dass sich die Mutter-Kind-Beziehung, die anfangs immer symbiotisch ist, so verändert, dass Kinder ihren Müttern am Ende schlimmstenfalls nur noch Verachtung entgegenbringen? Welche Gefühlsverletzungen, Enttäuschungen oder Beziehungsstörungen könnten die Ursache dafür sein?

Die meisten Mütter, die verachtet und an den Pranger gestellt werden, sind sich zwar bewusst, dass sie nicht perfekt sind und in ihrer Unvollkommenheit Fehler gemacht haben. Sie können sich aber nicht erklären, warum sie pauschal abgewertet werden.

Ein Grund könnte sein, dass Kinder, die sich als Opfer fühlen, sich in dieser Rolle behaglich eingerichtet haben. Sie müssen nichts ändern. Sie konservieren ein Feindbild, auf das sie alles Schlechte projizieren können. Kinder in der Opferrolle übertreffen sich in Klagen über ihre Mütter, was die alles falsch gemacht haben, und machen sie für alles verantwortlich, was in ihrem Leben nicht so toll läuft. Oft tut es Kindern sogar gut, sich über ihre Mütter zu beschweren. Sie fühlen sich dann vereint im Leid. Und indem sie über ihre Unzufriedenheit, Enttäuschungen und Besorgtheit sprechen, können sie sich entlasten und erleichtern. Durch ihre Selbstdarstellung als Opfer bekommen sie von anderen in der Regel Aufmerksamkeit, Zuwendung, Mitgefühl und vielleicht auch Trost. Aber die Zuwendung, die sie auf diese Weise bekommen, ist nur ein Trostpreis. Langfristig schaden sie sich dadurch nur selbst, denn wer sich über seine „schreckliche" Mutter beklagt und nur noch das Negative an ihr wahrnimmt, bleibt freiwillig im Gefängnis der Opferrolle.

Wie sollten Mütter mit einer derartigen, pauschalen Kritik umgehen?

- Hilfreich ist es, Pauschalabwertungen als das zu sehen, was sie sind – nämlich ungerecht. Solange Vorwürfe nicht konkretisiert werden, muss man sich auch nicht mit ihnen beschäftigen und auseinandersetzen, und am besten lassen Mütter Pauschalabwertungen an sich abgleiten.
- Mütter sind nicht für die Gefühle erwachsener Kinder verantwortlich. Erwachsene Kinder, die unter Defiziten leiden, haben die Möglichkeit, sich professionelle Hilfe zu holen.
- Mütter sollten ihre „wunden Punkte" kennen, um sich erfolgreich gegen manipulative Pauschalabwertungen zu immunisieren.
- Mütter, die pauschal kritisiert und abgewertet werden, müssen Selbstschutz aufbauen, um nicht in die Grübelspirale zu geraten, die nichts verändert, sondern nur zu destruktiven Gedanken führt.

- Bei unfairen Angriffen sollten Sie versuchen, ganz bei sich zu bleiben und nicht emotional zu reagieren. Sie sollten sich nicht verteidigen, sondern nur auf der Sachebene bleiben. Es gibt Situationen, in denen Schlagfertigkeit nicht angebracht ist (z. B. bei massiven Beleidigungen). Hier kann es sinnvoll sein, sich zurückzuziehen, auf Distanz zu gehen und sich eine Auszeit zu nehmen.
- Kinder haben kein Recht, ihre Mütter respektlos zu behandeln und abzuwerten, denn sie haben eine Lebensleistung erbracht, die – trotz mancher Fehler – zu würdigen ist. Sagen Sie Ihren Kindern, dass es Ihnen leid tut, keine perfekte Mutter gewesen zu sein, dass sie Ihre Mutterrolle so ausgefüllt haben, wie Sie es konnten und wussten. Nur so können Sie unabhängig von ihnen leben und sich ihnen im besten Fall sogar wieder annähern.

Zusammenfassung: Umgang mit Vorwürfen

- Statt sich über ungerechte Kritik, Vorwürfe, Unterstellungen und Beschuldigungen zu ärgern und sie zu verinnerlichen, sollten Sie versuchen, sie an sich abgleiten zu lassen, denn … *„Magengeschwüre bekommen Sie nicht von dem, was Sie essen, sondern von dem, wovon Sie aufgefressen werden.“*
- Unterscheiden Sie zwischen gerechtfertigten und ungerechtfertigten Vorwürfen. Berücksichtigen Sie dabei aber immer, dass unterschiedliche Perspektiven und Wahrnehmungen zu verschiedenen Wahrheiten führen können, weil jeder einen anderen Hintergrund hat und Situationen unterschiedlich bewertet.

- Analysieren Sie die Ursachen für die ungerechte Kritik: Fragen Sie sich ehrlich, welchen Anteil Sie selbst daran tragen, dass es zu der ungerechten Kritik überhaupt kommen konnte. Analysieren Sie aber auch bei sich selbst, warum Sie so aufgebracht über die ungerecht empfundenen Vorwürfe sind. Ist es mangelnde Anerkennung und Wertschätzung oder sind es Wortwahl oder der Tonfall, mit der die ungerechte Kritik vorgebracht wurde? Wenn Sie das herausgefunden haben, können Sie sehr viel konkreter beschreiben, was Sie an der ungerechten Kritik verletzt hat.

- Bevor Sie auf ungerecht empfundene Kritik oder Vorwürfe direkt reagieren, sollten Sie zunächst einmal innehalten und sich bewusstmachen, dass nicht immer eine böse Absicht damit verbunden sein muss. Die häufigste Ursache für ungerechte Kritik sind Missverständnisse, die sich schnell aus der Welt schaffen lassen. Halten Sie sich das unbedingt vor Augen, bevor Sie auf einen ungerecht empfundenen Vorwurf emotional reagieren.

- Klären Sie die Situation, die zu den ungerechten Vorwürfen Ihres Kindes geführt hat: Stellen Sie sich und geben Sie Ihrem Kind, das Sie ungerecht kritisiert hat, die Möglichkeit, seine Gründe und Gefühle darzulegen.

- Rechtfertigen Sie sich nicht, denn …*„wer sich rechtfertigt, klagt sich an!“* Versuchen Sie lieber, das Gespräch in eine positivere Richtung zu lenken, und finden Sie heraus, was hinter den Vorwürfen steckt. Verständnis ist der Ausweg aus der Negativspirale.

- Wenn Sie mit einem Schuldvorwurf konfrontiert werden, können Sie mit einer offenen Frage antworten. *„Was wünschst du dir für unsere Beziehung?“*, ist ein Türöffner für weitere Gespräche. Bleiben Sie dabei aber unbedingt positiv, neugierig und verständnisvoll.

- Weisen Sie Ihr Kind darauf hin, dass Sie zwar Mutter, aber keine Heilige sind, und dass auch Sie Fehler machen und gemacht haben. Nehmen Sie eigene Fehler und Versagen zur Kenntnis und übernehmen Sie die Verantwortung dafür. Beispielsweise: *„Ich war oft gereizt und ungerecht, weil ich überfordert war.“*

- Stehen Sie zu begangenen Fehlern, aber stellen Sie sich damit nicht selbst komplett in Frage, sondern überlegen Sie, ob Sie diesen Fehler korrigieren bzw. in Zukunft vermeiden können.

- Es ist sinnlos, sich *vorzuwerfen: „Ich hätte mich anders verhalten müssen. Wie konnte ich mich nur so verhalten.“* Sie haben sich so verhalten, weil Sie ein Mensch sind, der Fehler macht und Dinge und Situationen u. U. falsch einschätzt.

- Räumen Sie Fehlverhalten und Fehlentscheidungen ein, machen Sie aber deutlich, dass Sie Ihr Bestes gegeben haben und danach gehandelt haben, was Sie im Moment des Handelns für richtig hielten – auch wenn sich Ihre Entscheidung später als falsch herausstellte. Sie haben getan, was Sie für richtig hielten und wozu Sie zu dem Zeitpunkt körperlich und psychisch fähig waren. Wenn Sie es heute anders sehen, dann können Sie sich heute anders verhalten. Damals waren Sie noch nicht so weit.

- Stehen Sie zu Ihrer Unvollkommenheit. Wir alle lernen, solange wir leben, und werden doch niemals perfekt sein. Wir können uns lediglich bemühen, denselben Fehler nicht zweimal zu machen. Schuldgefühle helfen nicht, Fehler in der Zukunft zu vermeiden.
- *„Das Leben ist ungerecht, aber denke daran: nicht immer zu deinen Ungunsten." (John F. Kennedy)*

Die Überprüfung der Vorwürfe, ob gerechtfertigt oder nicht, ist nur ein erster Schritt. Es bleibt doch immer das verunsichernde Gefühl, als Mutter selbst etwas falsch gemacht zu haben. Deshalb ist es wichtig, sich intensiv mit sich selbst zu beschäftigen mit dem Ziel, sich selbst zu erkennen und zu verstehen.

2.
Selbsteinschätzung und Selbstbewusstsein

Ursachenforschung – was habe ich falsch gemacht?

Die Mutterliebe

Der Mythos der „idealen Mutter", insbesondere das Gebot der uneingeschränkten Mutterliebe verunsichert manche Mütter, wenn sie den Alltag mit ihren „lieben Kleinen" kritisch bewerten.

Eine allgemeine Unzufriedenheit mit dem Alltag als Hausfrau und Mutter oder permanenter Zeitdruck im Spagat zwischen Berufstätigkeit und Familie können reizbar machen. Wenn der Nachwuchs dann auch noch besonders laut, frech oder störrisch ist, ist der Bogen bei den ohnehin so strapazierten Nerven überspannt.

Es kann auch ein konkretes Verhalten des Kindes sein, das besonders ärgert. Wenn der kleine Mensch besonders bummelt, obwohl die Mutter einen wichtigen Termin hat, das Kind mitten im Laden einen Nörgelanfall bekommt, dann sind das alles Verhaltensmuster, die Aggressionen auslösen können. Mütter stellen sich in solchen Situationen die Frage: *„Darf man auf das eigene Kind wütend sein?"*

Fest steht, dass Mütter gar nicht immer lieb und verständnisvoll sein können, denn auch sie unterliegen, wie alle Menschen, einer Tagesform. Abgesehen davon können Kinder furchtbar provozieren. Wut ist eine normale Reaktion auf eine Provokation. Aber gerade Mütter gestehen sich diese Wut nicht zu. Dabei ist es wichtig, die eigenen Gefühle zu verstehen. Wichtig ist es, der Wut nachzuspüren. Gab es wirklich einen konkreten Anlass? Warum war ich so aggressiv?

Mütter von sehr kleinen Kindern fühlen sich oft isoliert und allein. Hier hilft es, sich eine klare Tagesstruktur zu setzen und Kontakte zu anderen Frauen in ähnlicher Situation zu suchen. Wer feststellt, dass die Wut immer allgegenwärtig ist und die Nerven immer blank liegen, sollte sich professionelle Hilfe suchen, z. B. bei einer Erziehungsberatungsstelle. Das Gleiche gilt auch für Mütter, die ihre Wut nicht kontrollieren können.

Fast alle Mütter kochen manchmal so vor Zorn, dass sie dem Kind wehtun wollen – mit Worten oder mit grobem Anfassen. Der Kontrollmechanismus setzt aber eine Grenze: Fest anpacken und ins Zimmer setzen ist erlaubt, Schlagen sollte tabu sein. Was tun bei einem Wutanfall? Tipps und wertvolle Anregungen finden Sie in Cornelia Nacks Ratgeber „Wenn Eltern aus der Haut fahren. *Von der Unmöglichkeit, immer liebevoll, geduldig und ausgeglichen zu sein.*“ [18]

Die Autorin erklärt, dass Wut ein Gefühl ist, das oft unterdrückt wird, aber dadurch erst seine destruktive Wirkung entfalten kann. Sie geht entweder nach innen und verursacht Krankheiten oder geht nach außen und führt zu Übergriffen und Eskalationen, wenn sie zu lange gärt und nicht zugelassen wird. Sie weist darauf hin, wie wichtig es ist, die eigenen Gefühle zu verstehen und auch zuzulassen. Wut kann auch eine positive, befreiende Kraft sein, die hilft, endlich auszusprechen, was stört, Lebensumstände zu ändern und Energie freizusetzen.

Das Vergleichen

Zur realistischen Selbsteinschätzung gehört ein Selbstbild, das man gelegentlich überprüfen sollte, zumindest dann, wenn es sich nicht mit dem Bild deckt, das andere von uns haben.

Bei vielen Müttern ist ein geringes Selbstwertgefühl eine Ursache für geringe Selbstsicherheit nach außen und für fehlendes Selbstvertrauen in die eigenen Leistungen, und das führt sie in die *Falle des Vergleichens*. Wer kennt das nicht: der prüfende Blick zu anderen Müttern, wo ist sie besser, was macht sie geschickter?

Mütter sind Expertinnen im Vergleichen. Das hat destruktive Folgen, denn durch das Vergleichen werden negative Gefühle wie Neid und Minderwertigkeitsgefühle erzeugt. Die Vollzeit-Mutter von vier Kindern beneidet die selbstbewusste Mutter, die anscheinend wie nebenbei Job und Familie vereinbart. Die alleinerziehende Mutter beneidet die Mutter, die zu Hause bleiben kann und sich nur um ihre Kinder und Familie kümmern muss, weil ihr Mann das Familieneinkommen sichert. Das ständige Vergleichen aber wird zur Falle, die Mütter daran hindert, sich auf ihre eigenen Potenziale zu konzentrieren.

Und warum vergleichen Mütter sich überhaupt? Sie tun es, weil sie sich ihrer nicht sicher sind. Wären sie selbstbewusst und selbstsicher, kämen sie gar nicht auf die

Idee, sich zu vergleichen, dann wären sie authentisch und könnten zu ihrem Sein und zu ihren Entscheidungen stehen.

Die Selbstabwertung

Wie in Teil I, Kapitel 4 *Die Folgen ständiger Vorwürfe* schon ausgeführt wurde, können permanente Vorwürfe von anderen dazu führen, dass Mütter diese verinnerlichen und in die *Falle der Selbstabwertung* geraten. Ausdruck für Selbstabwertungen können negative Selbstgespräche sein. Durch Selbstgespräche oder innere Dialoge bewerten wir uns unbewusst ständig selbst. Mütter mit negativem Selbstbild denken oder sagen zum Beispiel zu sich:

- Ich bin eine schlechte Mutter
- Ich bin ein Nichts und habe immer Pech
- Ich kann nie Nein sagen
- Andere Mütter sind kompetenter und belastbarer
- Immer bin ich es, der etwas nicht gelingt
- Meine Meinung zählt nicht.

Solche Selbstabwertungen sind Ausdruck eines negativen Selbstbildes und gehen einher mit der Überschätzung anderer. Die negativen Selbstgespräche führen dazu, sich zurückzuhalten oder zurückzuziehen, wenig risikobereit zu sein, Konflikten auszuweichen, Rechte nicht wahrzunehmen und sich ausnutzen zu lassen. Solchen Müttern fällt es schwer, Nähe und Distanz zu regulieren und Grenzen zu ziehen, und, wenn es angebracht ist, auch einmal Nein zu sagen.

Die mangelhafte Abgrenzung

Die Unfähigkeit, sich abgrenzen zu können, macht speziell Mütter zu Opfern. Sie hört man klagen: *„Ich kann schlecht Nein sagen und meinen Kindern etwas abschlagen."* Das hat natürlich Folgen. Die Kinder bekommen den kleinen Finger gereicht und nehmen die ganze Hand, weil ihnen keine Grenzen gesetzt werden. Solche Mütter werden ausgenutzt und merken das oft zu spät. Aber selbst dann können sie sich nur schlecht wehren.

Nein zu sagen, scheint so einfach zu sein, doch viele Mütter bringen es kaum über die Lippen. Sie haben Angst, die Liebe ihrer Kinder zu verlieren, wenn sie etwas ablehnen. Sie können die Frustration nicht aushalten, dass ihre Kinder sauer sind, wenn sie ihren Willen nicht bekommen.

Mütter, die sich nicht abgrenzen können, bemühen sich, es möglichst allen recht zu machen, und bleiben *selbst* mit ihren Wünschen und Zielen auf der Strecke. Sie missachten ihre eigenen Wünsche und Bedürfnisse, übernehmen sich, fühlen sich zwischen den vielfältigen Anforderungen zerrieben. Dieses Verhalten hat meist mit früh gelernten „Gedankenmustern" zu tun, z. B. mit der irrationalen Überzeugung: *„Mutter sein, heißt Opfer zu bringen!"* Es fehlt dann die innere Erlaubnis, Grenzen zu setzen, was für andere eine Einladung zu grenzüberschreitendem Verhalten darstellt.

Wer als Mutter feststellt, sich nicht abgrenzen zu können, muss sich der mühevollen Aufgabe stellen, wieder zu sich selbst zu finden. Eine solche Mutter muss lernen, ihre Bedürfnisse wahrzunehmen und zu Selbstachtung und Selbstliebe zurückfinden. Nur, wenn Mütter ihre Bedürfnisse wahrnehmen und als wichtig anerkennen, werden sie sie auch verteidigen und wahren.

Die emotionale Abhängigkeit

Zwischen Mutter und Kind entwickelt sich schon in der Schwangerschaft eine enge seelische Bindung (Mutter-Kind-Symbiose), aus der sich das Kind normalerweise erst im Laufe der Pubertät löst. Manche Mütter wollen oder können diesen Ablösungsprozess nicht zulassen. Sie wollen weiterhin, wie bisher, ihre Mutterrolle ausüben, von ihrem Kind gebraucht werden und die seelische Bindung aufrechterhalten. Dadurch machen sie sich von ihrem Kind emotional abhängig.

Eine emotionale Abhängigkeit hat ihre Tücken, weil sie dazu verleitet, etwas zu tun, was man selbst nicht will. Besonders Mütter, die ein geringes Selbstbewusstsein und ein negatives Selbstbild haben, sind oft Opfer von Manipulationen. Manipulierbar sind sie, weil sie Angst haben, die Liebe derer zu verlieren, die ihnen wichtig sind. Sie glauben, sich Liebe und Sympathie immer wieder verdienen zu müssen, was sie vielleicht als „brave Tochter" gelernt hatten.

Um zu einer realistischen Selbsteinschätzung zu kommen, muss die Mutter den Zusammenhang ihrer emotionalen Abhängigkeit und der Manipulation durch das Kind erkennen.

Kinder manipulieren ihre Mutter, indem sie ihr Schuldgefühle und in der Folge ein schlechtes Gewissen mit weinerlicher Stimme einreden … *„na ja, da du mir nicht helfen willst, muss ich eben alleine sehen, wie ich damit zu-*

rechtkomme.“ Mit solchen Sätzen ihrer Kinder hängen die meisten Mütter am Fliegenfänger.

Kinder kennen ihre Mütter genau und wissen, welche Hebel sie zu bedienen haben, um bei ihnen ein schlechtes Gewissen auszulösen und dafür zu sorgen, dass sie sich schuldig fühlen. Mütter überlegen sich dann, ob Sie die Arbeit für ihre Kinder nicht doch machen bzw. nicht doch den Ausflug mit der besten Freundin absagen, um ihren Kindern nicht absagen zu müssen, nur um eine „gute Mutter“ zu sein.

Schuldgefühle werden von Kindern bewusst eingesetzt, um Mütter zu einem bestimmten Verhalten zu bewegen. Ihre gebräuchlichsten Strategien sind:

- Mütter bei ihrer Ehre zu packen und an eine Verpflichtung oder an ein Versprechen zu erinnern: *„Du hattest mir doch versprochen, dass ...“*,
- Müttern ein schlechtes Gewissen zu machen unter Hinweis darauf, auf was sie verzichten müssen, wenn Mama nicht einspringt: *„Wenn du es nicht machst, muss ich halt auf das Treffen mit meinen Freunden verzichten“*,
- Die Gefühle der Mütter in Frage zu stellen: *„Wenn ich dir etwas wert wäre, dann würdest du ...“*,
- nonverbal Leiden und Kränkung zu signalisieren durch strategisches Schweigen, leidende Blicke, Stöhnen, Sendepause, d. h. sich rarmachen,
- nach Jahren noch „Sündenregister“ der Vergangenheit aktivieren: *„Damals hast du auch schon ...“*,

- Konkurrenzdruck zu erzeugen – Mütter mit anderen zu vergleichen: *„Die Mutter meiner Freundin macht doch auch ...“ ... „Andere Mütter sind glücklich, wenn sie etwas für ihre Kinder tun können“,*
- auf die schlechte Meinung anderer zu verweisen: *„Meine Freundin findet auch, dass du egoistisch bist.“*

Durch solche und andere Varianten der Anschuldigungen lassen sich Mütter nur allzu leicht manipulieren. Mütter fühlen sich eingeengt und unter Druck gesetzt. Doch meist brodelt in ihrem Innern auch Widerstand. Sie glauben, nur zwei Optionen zur Verfügung zu haben:

1. Sie richten sich nach den Vorstellungen ihrer Kinder und haben den Eindruck, gezwungen zu sein.

2. Sie richten sich nach ihren eigenen Wünschen und Bedürfnissen und haben Schuldgefühle.

Das Erkennen des Zusammenhanges von emotionaler Abhängigkeit und Manipulation kann aber nur der erste Schritt sein, die Voraussetzung, um sich aus dieser emotionalen Falle zu befreien.

Um sich aus emotionaler Abhängigkeit lösen zu können, ist es notwendig, Verantwortung für das eigene Leben, für die eigenen Gedanken und Gefühle zu übernehmen. Hilfreich kann es sein zu begreifen, dass die Mutterrolle nur in einem bestimmten Zeitfenster der eigenen Biografie intensiv eine Rolle spielt und Mütter nur eine vergleichsweise kurze Zeit in hohem Maße beansprucht.

Danach aber folgt eine neue Lebensphase mit neuen Zielen, die ebenso intensiv gestaltet werden müssen.

Unterstützend kann es auch sein, den Weg aus der emotionalen Abhängigkeit von Müttern mit einem konstruktiven inneren Dialog zu begleiten. Damit ist ein positives Selbstgespräch gemeint, das Einfluss auf Selbstliebe, Selbstwertgefühl und Selbstvertrauen hat, denn die Art, in der Mütter über sich denken, hat Macht über Gefühle und Handeln.

Bei schwierigen Fällen emotionaler Abhängigkeit kann auch eine psychotherapeutische Behandlung notwendig sein, um den Weg aus dieser destruktiven Beziehung zu finden.

Der Perfektionismus

Perfektionismus ist weit verbreitet und oft genug wird mit ihm kokettiert, obwohl es sich um keine Tugend, sondern um eine Fehlhaltung handelt, nämlich um ein *übertriebenes* Streben nach Vervollkommnung. Wer darin gefangen ist, ist nie zufrieden mit sich selbst und seiner Leistung. Man überlegt ständig, was man noch besser machen könnte. Und natürlich gibt es immer etwas zu verbessern.

Mütter, die perfektionistisch sind, fühlen sich oft gehetzt und haben Zeitprobleme, denn wer alles hundertfünfzigprozentig machen will, braucht mehr Zeit.

Die Pareto-Rege[19] (80/20) besagt, dass man mit 20%igem Aufwand 80 % Ertrag erreicht. Nach der Pareto-Regel ist Perfektion unwirtschaftlich und verbraucht einzig und allein viel Zeit. Anstatt sich mit Arbeit aufzuhalten, die keinen sinnvollen Mehrwert verschafft, sollten solche Mütter ihren Perfektionismus einschränken und die „gewonnene" Zeit für wesentlichere Aufgaben verwenden. Effektiver ist es, sich für weitere 80-%-Ergebnisse anzustrengen, als seine Energie in die jeweils noch zur Perfektion fehlenden 20 % zu stecken.

Diese Regel hilft perfektionistischen Müttern wenig, denn mit einem achtzigprozentigen Ergebnis fühlen sie sich nicht wohl. Mütter, die immer 100 % erreichen möchten, verursachen sich selbst Stress und verlieren viel Energie und Zeit. Entweder gelingt ihnen etwas super oder sie fühlen sich als komplette Versagerinnen. Ihre extrem negative Selbstbeurteilung führt dann zu Minderwertigkeitsgefühlen, Versagensängsten und allgemeiner Unzufriedenheit.

Wenn Sie als Mutter auch zum Perfektionismus neigen, sollten Sie sich einmal entspannt zurücklehnen, die Augen schließen und in Ruhe darüber sinnieren, was Ihre Kinder wirklich brauchen:

Kinder brauchen keine perfekte Mutter, die sich für Kinder und Familie aufopfert, sondern eine, die im Einklang mit den eigenen Bedürfnissen und denen des Kindes lebt, die Selbstschutz aufbauen kann und innerlich abschalten kann, damit ihre Akkus wieder aufgeladen werden können, und die sich die innere Freiheit bewahrt, ihr Eigenleben zu verteidigen und Dinge zu tun, die ihr auch noch wichtig sind und ihr Lebensfreude schenken. Kinder lieben ihre Mütter bedingungslos, auch wenn sie unperfekt und einfach nur Mensch sind.

Perfektionistische Mütter neigen dazu, sich zu überfordern, und irgendwann geht es einfach nicht mehr weiter.

Die Überforderung

Wenn die Anforderungen von Haushalt, Job und Kindern zu groß und Mütter kraftlos und krank werden, leiden sie am Burn-out-Syndrom. Früher galt Burn-out als Manager-Krankheit, doch inzwischen weiß man, dass auch berufstätige Mütter, insbesondere alleinerziehende, besonders gefährdet sind, in diesen Zustand des „Ausgebranntseins“ zu geraten.

Manchmal geht das schleichend vor sich, doch gerade bei engagierten, perfektionistischen Frauen gibt der Körper mit wie aus heiterem Himmel auftretenden Beschwerden das Signal: Bis hierher und nicht weiter! Wenn körperliche Symptome wie Herzrasen, Dauerkopfschmerz, Panikattacken und Schlafstörungen anzeigen, dass etwas aus dem Takt gekommen ist, erkennen überforderte Mütter, dass es an der Zeit ist, etwas zu verändern.

Simone, 37:

„Eigentlich war ich am Ziel meiner Träume: Mutter von zwei Töchtern im Kindergartenalter, intakte Ehe, selbstständige Grafikerin, Haus mit Garten in bester Wohnlage.

Fünf Jahre nach der ersten Geburt fühlte ich mich in meiner Mutterrolle wohl. Ein Jahr nach der Existenzgründung hatte ich schon die ersten großen Aufträge bearbeitet.

Über Frauen, die sich wegen Alltagsstress, Kopfschmerzen oder seelischer Unausgeglichenheit beklagten, konnte ich nur müde lächeln. Ich war der Typ Mensch, der sich Panikattacken, Burn-out oder psychosomatische Beschwerden nicht vorstellen konnte. Jeder hat Stress, dachte ich, und ganz sicher jede berufstätige Mutter. Aber wo kommen wir denn da hin, wenn plötzlich jede von uns Müttern meint, sie brauchte dringend eine Kur und Zeit für den Yogakurs, nur weil die Kinder sich ständig streiten und Chef oder Kunden kein Verständnis für das Kind-Karriere-Dilemma haben? So dachte auch ich.

Dementsprechend überraschend kam eines Nachts das ‚Bis hierher und nicht weiter!'- Kommando meines Körpers: Todmüde wie immer lag ich um 23 Uhr im Bett, nur dass ich dieses Mal nicht umgehend in den dringend nötigen Tiefschlaf fiel. Mein Herz klopfte so komisch, rasend schnell und im ganzen Körper. Es brannte irgendwie innerlich und verkrampfte sich ein ums andere Mal. Meine Oberschenkelmuskeln begannen, unkontrolliert zu zucken. Mir wurde schwindelig, übel und kalt. Mein einziger Gedanke war: ‚Ich muss morgen früh unbedingt wieder fit sein, unbedingt! Die Kinder müssen in den Kindergarten und danach zum Ballett und die Flyer für das Musiktheater müssen fertig werden!'

Normalerweise verging dieses Gefühl in der Vergangenheit nach ein paar Stunden, ich riss mich zusammen und übernahm wieder die Regie in meinem perfekt durchorganisierten Alltag. Diesmal nicht. In dieser Nacht lag ich noch lange wach und lauschte verängstigt auf das seltsame, unbekannte Theater, das mein Körper aufführte, um mir zu zeigen, dass sein Akku leer war. Am nächsten Morgen waren Herzrasen und -krämpfe sowie Muskelzucken, Schwindel und Schüttelfrost immer noch da. Und dazu ein tauber, nicht mehr einsatzfähiger linker Arm. Es musste etwas Schlimmes sein. Ich fuhr mit dem Taxi ins Krankenhaus.

Mein Mann musste die Kinder in den Kindergarten bringen – zum allerersten Mal. Mein Mann würde zu spät zum Morgenmeeting kommen und schlechte Laune haben. Was war bloß aus meinem perfekt organisierten Tag geworden?

In der Notaufnahme wurde ich an den anderen wartenden Patienten vorbei direkt zum Arzt geführt. Er ließ ein EKG schreiben, er hörte mich ab, er machte Übungen mit meinem linken Arm. Dann sagte er: ‚Alles in Ordnung. Das ist der Stress. Sie können nach Hause gehen.'

Ich konnte es nicht fassen. Stress? Ich hatte doch keinen Stress! Jedenfalls keinen Stress, den ich nicht schon seit fünf Jahren gehabt hätte, seit der Geburt unserer ältesten Tochter. Warum sollte der ganz normale Stress einer ganz normalen berufstätigen Mutter, mit dem ich immer gut klargekommen war, mich jetzt plötzlich krank machen? Und wie konnte der Stress den Muskeln und Nerven meines linken Armes befehlen, sich tot zu stellen? Das war doch absurd!

Ich ging zum Hausarzt. Er ordnete Blutlabor, 24-Stunden-Blutdruckmessung, 24-Stunden-EKG, Belastungs-EKG sowie neurologische Untersuchungen an. Es fielen die Begriffe Panikattacke, Burn-out und psychosomatische Beschwerden.

Genau die Begriffe, an die ich nicht glaubte. Wenigstens eine Sache sagte am Ende der Hausarzt, die mich beruhigte: ‚Sie bilden sich das nicht nur ein. Dass Sie Herzrasen und einen Druck auf der Brust spüren, ist kein Wunder. Sie haben am Tag über lange Strecken hinweg einen Puls von 140. Aber das hat eben keine organische Ursache, sondern es ist eine Reaktion Ihres Körpers auf Ihre

Lebensweise.' Dann hatte er vier Vorschläge: Beta-Blocker (also starke Medikamente, die die Erregbarkeit des Herzens hemmen), Beruhigungsmittel, Psychotherapie oder Yoga.

Nun stand ich da mit dieser Diagnose und konnte mich entweder weiterhin weigern, mir einzugestehen, dass ich eben doch nicht so perfekt war, wie ich geglaubt hatte, und dass ich etwas an meinem Leben ändern musste, oder ich konnte mich endlich mal trauen, Schwäche zu zeigen, mir selbst, aber auch meinem Mann und meinen Kindern gegenüber.

Und das tat ich schließlich. Ich ließ Revue passieren, was sich in letzter Zeit so alles ereignet hatte, und sah, dass rückblickend ganz schön viel zusammengekommen war: Krankenhausaufenthalte meines Ehemanns und der kleineren Tochter, der Tod meiner Oma und dieser Grafikjob, den ich stolz und engagiert durchgezogen hatte, bis das Projekt nach etlichen Nachtschichten im Homeoffice einfach abgeblasen wurde. Der Stressfaktor in meinem Leben als berufstätige Mutter schwankte offensichtlich doch mehr, als ich gedacht hatte. Ich nahm mir vor, in solchen besonders anstrengenden Phasen in Zukunft besonders auf mich zu achten. Das Tempo ein wenig drosseln, heißt ja nicht gleich aufgeben, eine Krise zu haben, heißt ja nicht gleich komplett unfähig zu sein."

Hilfreich und existenziell wichtig ist es für Mütter, zur eigenen Gesundheitsprophylaxe Stressbewältigungstechniken zu erlernen, denn Stress schwächt das Immunsystem und Stresshormone sorgen dafür, anfälliger für Infektionen zu sein. Ist die Konzentration dieser Hormone im Körper hoch, dann werden Krankheitserreger nämlich nicht mehr vernichtet. Stressbewältigungstechniken zielen in erster Linie darauf ab, mit den Anforderungen geistig und seelisch anders umzugehen. Mütter erlernen neben Entspannungstechniken auch, die Anforderungen, die sie an sich selbst stellen, zu verändern und sich zu entlasten, indem sie lernen zu delegieren und Nein zu sagen.

Wenn Sie sich als Mutter ständig unter Stress fühlen und sich fragen, was Sie falsch machen, sollten Sie sich Hilfe holen: Der Hausarzt ist der erste Ansprechpartner, viele Krankenkassen bieten Kurse zur Burn-out-Prävention oder Mutter-Kind-Kuren an und selbstständige Coaches oder Berater vom Jugendamt untersuchen Ihre Alltagsorganisation auf Stressfallen und Verbesserungsmöglichkeiten.

Probieren Sie verschiedene Methoden der Stressbewältigung! Das kann ein fest eingeplantes wöchentliches Entspannungsritual wie ungestört baden, alleine spazieren gehen oder ein Maniküretermin sein, aber auch eine erlernbare Entspannungsmethode wie Yoga, autogenes Training oder Tai-Chi.

Lernen Sie, Schwäche zu zeigen! Ihr Partner, Ihre Eltern oder Ihre Freundinnen werden sich vielleicht anfangs über Ihre Veränderung wundern, aber sie werden bereit sein, Ihnen unter die Arme zu greifen. Selbst kleinen Kindern kann man mit etwas Geduld beibringen, dass die Mama für zwanzig Minuten mit ihrem Kaffee und ihrer Frauenzeitschrift in Ruhe gelassen werden möchte und dass sie danach wieder zum Vorlesen, Legobauen oder zu anderen Schandtaten bereit ist.

Die Harmoniesucht

Wenn Mütter über sich nachdenken und sich die Frage stellen, was sie wohl falsch gemacht hätten, stoßen sie nicht selten auf eine Charaktereigenschaft, die ich als „Harmoniesucht“ bezeichnen möchte.

Dass man Harmonie als Gegenteil von Streit und Auseinandersetzungen in der Familie anstrebt und sich für sie einsetzt, ist ohne Zweifel in Ordnung. Wenn das Bestreben, Harmonie herzustellen, aber zwanghaft wird und Auseinandersetzungen unter allen Umständen vermieden werden, nenne ich das Verhalten Harmoniesucht. Sie beruht auf einem starken inneren Bedürfnis nach einem konfliktfreien Verhältnis zu anderen Personen und resultiert oft aus einer tief verwurzelten Angst, dass eine Auseinandersetzung oder ein Streit die Beziehung belasten oder zerstören könnte.

Der Harmoniesüchtige hat Angst davor, durch einen Streit einen Menschen, der ihm wichtig ist, emotional zu verlieren. Oft vermeidet er auch Auseinandersetzungen, weil er vielleicht nicht dazu in der Lage ist, seine Meinung richtig darzulegen, oder Angst hat, unterlegen zu sein.

Harmoniesucht ist eine Fehlhaltung, besonders von Frauen, die oft zu chronischen Konfliktvermeiderinnen erzogen wurden. Ihre Harmoniesucht erweist sich irgendwann als Falle, wenn andere diese Schwäche erkennen und ausnutzen, um den Harmoniesüchtigen manipulieren zu können.

Regina, 68:

„Ich wollte es immer allen recht machen und – dass mich alle mögen, in meiner Ursprungsfamilie und natürlich in meiner eigenen Familie. Die Atmosphäre sollte immer stimmen, Beziehungen harmonisch sein.

Wenn Konflikte drohten, hatte ich immer den Drang, wieder Harmonie herstellen zu müssen. Die Sucht nach Harmonie habe ich von meiner Mutter, von der ich nur Leisetreterei gelernt habe: ‚Ganz richtig, das sehe ich auch so. Hmh … Ja, ganz genau!' Ich habe diese Eigenschaft unbewusst übernommen und werde dadurch schnell ausgenutzt, weil ich keine Grenzen setzen kann, auch meinen Kindern gegenüber nicht. Ich mache alles möglich, was sie wollen, auch dann, wenn ich mich damit unter Druck setze oder überfordere. Immer hatte ich den Drang, jedem helfen zu müssen. Das Wort Nein war für mich ein Tabu und kam nie über meine Lippen. Um Auseinandersetzungen und Streit zu vermeiden, habe ich immer alles abgenickt, mich angepasst und mich dem Willen anderer untergeordnet. Genau genommen war ich Befehlsempfängerin anderer und habe mich und meine Wünsche und Bedürfnisse vernachlässigt. Gedankt wurde es mir nie und besondere Wertschätzung habe ich auch nicht erfahren.“

Regina hat ein Kindheitsmuster unreflektiert ihr Leben bestimmen lassen. Im Nachhinein wird sie sich bestimmt fragen, was war falsch und was kann ich heute noch ändern? Aus Konfliktunfähigkeit und Harmoniesucht passte sie sich an, ohne allerdings dafür etwas zu bekommen.

Regina hat in ihrer Kindheit gelernt, sich von der Anerkennung durch andere abhängig zu machen. Sie hielt sich nur dann für liebenswert und wertvoll, wenn andere ihr dankbar waren und sie für diese wichtig war. Sie fühlte sich in der Rolle der Märtyrerin wohl. Sie glaubte, ihr Selbstwertgefühl dadurch aufzubauen, indem sie besonders leidensfähig und aufopferungsvoll war. Zu erkennen und zu akzeptieren, dass sich hinter der Hilfsbereitschaft ein „eigennütziges" Motiv verbirgt, ist der erste und wichtigste Schritt zur Veränderung.

Oft ist es so, dass Mütter erst nach einer Therapie erkennen, was besser hätte laufen können, wenn ihnen ihre Harmoniesucht bewusst gewesen wäre.

Dorit, 45:

„Ich habe eine Mutter-Kind-Kur gemacht und durch Therapiegespräche ist mir klargeworden, dass auch ich mich unbewusst in der Harmoniefalle befand und diese Fehlhaltung ungefiltert an meine Kinder weitergegeben habe. Mir ist bewusst geworden, dass ich unbewusst meine Kinder manipuliert habe, um Streit zu vermeiden. Ich bin sogar so weit gegangen, meinen Kindern die Schuld an meinen Gefühlen zu geben (‚weil ihr gezankt habt, bin ich traurig, ihr seid Schuld an meiner Migräne'')."

Dorit ist zumindest einsichtsfähig und erkennt, dass sie wegen ihrer Harmoniesucht sogar ihre Kinder manipuliert und ihnen die Schuld für ihre Migräne unterstellt hat.

Viele harmoniesüchtige Mütter denken in der Schwarz-Weiß-Schiene: Entweder sind sie ein guter Mensch und immer hilfsbereit oder egoistisch und ein schlechter

Mensch, wenn sie ihre eigenen Bedürfnisse berücksichtigen. Dabei ist klar, dass man es nicht jedem recht machen kann, wie es eine bekannte Fabel von Äsop illustriert:

Ein Mann reitet auf seinem Esel nach Haus und lässt seinen Sohn zu Fuß nebenherlaufen. Kommt ein Wanderer und sagt: „Das ist nicht recht, Vater, dass Ihr reitet und lasst Euren Sohn laufen; Ihr habt stärkere Glieder."

Da stieg der Vater vom Esel herab und ließ den Sohn reiten. Kommt wieder ein Wandersmann und sagt: „Das ist nicht recht, Bursche, dass du reitest und lässt deinen Vater zu Fuß gehen. Du hast jüngere Beine."

Da saßen beide auf und ritten eine Strecke. Kommt ein dritter Wandersmann und sagt: „Was ist das für eine Quälerei, zwei Kerle auf einem schwachen Tier? Sollte man nicht einen Stock nehmen und euch beide hinabjagen?" Da stiegen beide ab und gingen zu Fuß, rechts und links der Vater und Sohn und in der Mitte der Esel.

Kommt ein vierter Wandersmann und sagt: „Ihr seid drei kuriose Gesellen. Ist's nicht genug, wenn zwei zu Fuß gehen? Geht's nicht leichter, wenn einer von euch reitet?" Da band der Vater dem Esel die vorderen Beine zusammen und der Sohn band ihm die hinteren Beine zusammen, zogen einen starken Baumpfahl durch, der an der Straße lag, und beide trugen den Esel auf der Achsel heim.

Strategien zur Verbesserung von Selbstbild und Selbstbewusstsein

Wenn wir ein positives Selbstbild und ein gesundes Selbstbewusstsein besitzen, dann bedeutet dies, davon überzeugt zu sein, liebenswert und wertvoll zu sein – trotz der Schwächen und Fehler, die wir haben. Mütter, die unter einem schwachen Selbstwertgefühl leiden, machen sich mental klein, indem sie sich einreden, minderwertig oder nicht liebenswert zu sein.

Viele Mütter zerstören durch abwertende Gedanken ihre Selbstachtung und ihr Selbstwertgefühl. Sie leiden unter ihrem Minderwertigkeitsgefühl, nicht gut genug oder wertlos zu sein. Wie aber ist es Müttern möglich, ihr Selbstwertgefühl und ihre Selbstsicherheit zu verbessern? Hierzu gibt es zwei Strategien, die eng miteinander verbunden sind:

1. Die Strategie, mit Vorwürfen, die von Kindern oder der Umwelt erhoben werden, richtig umzugehen.

Mütter müssen lernen, berechtigte von unberechtigter Kritik zu unterscheiden und sich gegen ungerechtfertigte Vorwürfe, Beschuldigungen und Manipulationsversuche zu immunisieren und an sich wie an einer „Teflonschicht“ abgleiten zu lassen. Wie man am besten mit der Kritik von außen umgeht, ist ausführlich in Teil II, Kapitel 1 *„Der Umgang mit Vorwürfen“* geschildert worden.

2. Die Strategie, die durch die eigene charakterliche Schwäche bedingte negative Selbstkritik zu überwinden.

Statt sich selbst abzuwerten und damit dem Risiko Vorschub zu leisten, schlecht und ungerecht behandelt zu werden, ist es für Mütter hilfreich zu lernen, am Aufbau einer gesunden Selbstachtung zu arbeiten und an sich selbst, an ihren eigenen Wert und an ihre Fähigkeiten zu glauben.

Grundsätzlich ist jede Mutter für ihr Selbstwertgefühl zuständig, denn jede entscheidet selbst darüber, ob sie sich für wertvoll oder für minderwertig hält. Niemand kann einer Mutter das Gefühl geben, minderwertig zu sein, wenn sie dies nicht zulässt. Mütter sind liebenswert, wenn sie sich dafür halten, denn Selbstwert hat nichts mit objektiven Kriterien wie dem Kontostand, der Schulbildung, dem Aussehen, dem Ansehen, den Noten in der Schule oder der Schuhgröße zu tun, sondern ist einfach die Überzeugung, ein guter und liebenswürdiger Mensch zu sein. Das individuelle Selbstbild einer jeden Mutter entscheidet über ihren Selbstwert und ihr Selbstwertgefühl.

Wenn Mütter ihr Selbstwertgefühl stärken oder aufbauen möchten, dann sollten sie aufhören, sich selbst zu boykottieren und in Gedanken klein zu machen. Stattdessen sollten sie damit beginnen, sich selbst wie ihre beste Freundin zu behandeln, d. h. sie sollten es lernen, sich selbst gut zuzureden, sich selbst den Rücken zu stärken, Verständnis für ihre Fehler und Schwächen zu haben und sich selbst zu ermutigen. Kurzum, sie sollten damit beginnen, Empathie für sich selbst aufzubringen.

Müttern gelingt es am ehesten, das Gefühl der Wertlosigkeit und Minderwertigkeit zu überwinden, indem sie die Worte ihres „inneren Kritikers“ als boykottierende Aussagen entlarven und sich selbst durch aufbauende, verständnisvolle und mitfühlende Worte stärken. Mütter, die das konsequent tun, werden feststellen, dass im Laufe der Zeit ihre Minderwertigkeitsgefühle geringer und ihr Selbstwertgefühl und ihr Selbstvertrauen größer werden. Letzten Endes ist das eine Form der Autosuggestion, bei der negative Gedanken von positiven abgelöst werden, mit der Folge, dass ein negatives Selbstbild zu einem positiven wird.

Wenn das Selbstbild in Ordnung ist, verlieren Nadelstiche ihre verletzende Wirkung und negative Bemerkungen prallen ab. Mütter, die sich auf dieses Experiment einlassen, werden feststellen, dass sich in dem Maße, in dem sie ihr Selbstbild positiv verändern, sich auch ihr Leben positiv verändern wird.

Für Mütter, die der Falle der Selbstabwertung entkommen wollen, empfehle ich Barbara Volkweins Buch: *„Die etwas gelassenere Art, Mutter zu sein: Ihr Weg zu Klarheit, Souveränität und einem entspannten Familienalltag.“* [20]

Die Autorin ist Mütter-Coach und verrät in ihrem „Umdenk-Buch“ Strategien, die es Müttern ermöglichen, aus der Selbstabwertung herauszukommen, Selbstzweifel abzulegen, ihr Selbstbewusstsein zu stärken und dabei einfach gelassener zu werden. Es geht in diesem Buch in vielen Beispielen und Übungen darum, aus der mütterlichen Falle der permanenten Selbstabwertung herauszukommen und eigene Potenziale zu entdecken. Das ist ein Prozess, bei dem es darum geht, manchmal über ein ganzes Leben eingeübte Verhaltensweisen zu verändern oder aufzugeben.

Hilfreiche Gedanken zur Verbesserung von Selbstbild und Selbstbewusstsein:

- Glauben Sie nicht alles, was Sie zu denken gelernt haben. Entrümpeln Sie Ihren Kopf von Vorurteilen und bedenklichen Auffassungen und machen Sie ihn frei für neue Sichtweisen. Verabschieden Sie sich von destruktiven, boykottierenden Glaubenssätzen, die Sie von Kindesbeinen mit sich herumtragen, zum Beispiel diesen: *„Das schaffe ich nie, dafür bin ich zu ungeschickt."* Oder: *„War ja klar, dass mir das passieren musste."*
- Seien Sie sich – trotz aller Unzulänglichkeiten – Ihres Wertes bewusst! Wer seinen eigenen Wert nicht kennt, lässt zu viel zu!
- Sehen Sie sich realistisch, stellen Sie sich aber nicht selbst an den Pranger und werten Sie sich nicht selbst ab. Denken Sie stattdessen positiv über sich, denn der Mensch fühlt, was er denkt! („Ich bin ich und das ist gut so.") Behandeln Sie sich selbst respektvoll, verständnisvoll und wertschätzend wie Ihre beste Freundin.
- Loben Sie sich und gönnen Sie sich selbst auch mal eine kleine Belohnung, wenn Sie etwas hinbekommen haben, das Sie sich gar nicht zugetraut haben. Schätzen Sie dabei auch die kleinen Schritte. Viele Mütter sind schnell selbstkritisch und vergessen darüber, sich zumindest gelegentlich selbst auf die Schulter zu klopfen. Statt sich selbst abzuwerten, sollten Sie sich bewusstmachen, dass Sie Ihre Mutterrolle so gut ausgefüllt haben, wie Sie es konnten!

- Achten Sie auf Ihre Gedanken und Worte. Sie werden die Weichen Ihres Lebens sein und Ihr Handeln bestimmen. Wenn Sie denken, nichts wert zu sein, werden andere Menschen Ihnen das bestätigen. Wenn Sie sich nicht selbst akzeptieren und lieben, werden Sie nur schwerlich erkennen, wenn andere sich Ihnen liebevoll zuwenden wollen, weil Sie sich selbst für nicht liebenswert halten. Aus diesem Grund können Sie auch keine Komplimente oder Sympathiebeweise annehmen. Was Sie über sich selbst denken, wird Ihnen begegnen. Wenn Sie sich nicht selbst achten und wertschätzen, steht auf Ihrer Stirn geschrieben: „Mit mir kann man es machen!" Das verstehen andere Menschen als Aufforderung, Sie auszunutzen, zu benutzen und für ihre Ziele zu missbrauchen.

Achte auf deine Gedanken, denn sie werden Worte.
Achte auf deine Worte, denn sie werden Handlungen.
Achte auf deine Handlungen, denn sie werden Gewohnheiten.
Achte auf deine Gewohnheiten, denn sie werden dein Charakter.
Achte auf deinen Charakter, denn er wird dein Schicksal.

(Aus dem Talmud, Lehre, Sammlung der Gesetze und religiösen Überlieferungen des Judentums nach der Babylonischen Gefangenschaft)

Befreiung von Selbstzweifeln und Schuldgefühlen

Um sich aus der Falle von Selbstzweifeln und Schuldgefühlen befreien zu können, ist es wichtig, sich als Mutter bewusstzumachen, dass Schuldgefühle zu haben nicht heißt, tatsächlich schuld zu sein. Die meisten mütterlichen Schuldgefühle basieren häufig auf der bloßen Befürchtung, den hohen Ansprüchen des Familienlebens und der Kinder nicht gerecht geworden zu sein.

Groteskerweise sind es häufig die besonders engagierten Mütter, die unter Selbstzweifeln und Schuldgefühlen leiden: Sie sind sich ihrer großen Verantwortung bewusst, setzen sich hohe Erziehungsziele, fordern von sich stets pädagogische Höchstleistungen, setzen sich so unter enormen Leistungsdruck – und scheitern letztlich im ganz alltäglichen Erziehungschaos an so manchem zu hoch gesetzten Ziel. Wer das mit Humor nehmen kann und Familienleben als unerschöpfliches Lernfeld betrachtet, hat es gut. Wer darauf mit Schuldgefühlen reagiert, untergräbt sein Selbstwertgefühl und hebelt sich auf Dauer aus.

„Hört auf, perfekt sein zu wollen!“, mahnt die zweifache Mutter Ulrike Hartmann junge Eltern in ihrem Buch *„Mutterschuldgefühl“*.[21]

Die Autorin berichtet aber nicht nur über das „Mutterschuldgefühl“ und den täglichen Leistungswahn heutiger Mütter, sondern zeigt auch, wie Eltern, insbesondere Mütter, mit der Falle der Selbstzweifel, Schuldgefühle und Versagensängsten umgehen können.

Eine andere Quelle von Schuldgefühlen ist die Tatsache, dass Eltern heutzutage zwar Familienplanung praktizieren, aber dass nicht alles planbar ist: So haben sie keinen Einfluss darauf, ob sie ein gesundes oder krankes Kind bekommen oder ob sie z. B. mit Zwillingen beglückt werden.

Obwohl vieles nicht planbar ist, möchten Mütter alles perfekt meistern und ihren Kindern den besten Start ins Leben ermöglichen. Dieser hohe Anspruch setzt Mütter unter Druck und führt zu Schuldgefühlen, wenn es in der Realität zu Abweichungen kommt.

Ich erlebe in meinen Seminaren völlig verunsicherte Mütter, die sich permanent fragen, ob sie etwas falsch gemacht haben. Selbstzweifel, Schuldgefühle und Versagensängste verunsichern und erzeugen ein schlechtes Gewissen. Aber wie können Mütter dieser Falle entkommen?

Tipps gegen Schuldgefühle und ein chronisch schlechtes Gewissen:

- Fragen Sie sich, ob Ihr eigener Anspruch überhaupt realistisch ist, und unterscheiden Sie zwischen berechtigtem und unberechtigtem schlechten Gewissen.
- Hilfreich ist es, den Begriff der Schuld durch den der Verantwortung zu ersetzen. Die Frage lautet dann nicht mehr: „Bin ich schuld?“, sondern: „Wofür bin ich verantwortlich und wofür nicht?“ Schon dieser Perspektivwechsel bringt oft Erleichterung.
- Lassen Sie Ihre Selbstvorwürfe fallen. Sie haben sich so verhalten, wie es Ihnen im Augenblick der Entscheidung möglich war – entsprechend Ihrer bisherigen Lebenserfahrungen, entsprechend Ihres Wissens, Ihrer Einschätzung der Situation, Ihrer momentanen Verfassung. Sie haben möglicherweise etwas falsch eingeschätzt, andere Mög-

lichkeiten nicht gesehen und etwaige Konsequenzen nicht berücksichtigt, weil Sie es nicht besser wussten.

- Akzeptieren Sie, dass es keine perfekten Mütter gibt, und stehen Sie selbstbewusst zu Ihrer Unvollkommenheit. Krisen, Konflikte und schwierige Zeiten gehören zum Familienleben einfach dazu!
- Entlastend kann evtl. sein zu erkennen, dass ein unbewusst verinnerlichter überhöhter Muttermythos die Ursache dafür ist, dass Sie sich unzulänglich und schuldig fühlen. Indem Sie sich vom Mythos der „idealen Mutter" verabschieden, haben Sie bereits den ersten Schritt getan, um sich von Selbstzweifeln, Schuldgefühlen und einem chronisch schlechten Gewissen zu befreien.
- Mütter haben zwar eine wichtige Vorbildfunktion, haften aber nicht für alles, denn Kinder sind verschiedenen Einflussfaktoren ausgesetzt. Ein Kind wird nicht allein von seiner Mutter geprägt, sondern auch von seinem sozialen Umfeld, und darauf haben Mütter ab einem bestimmten Alter keinen Einfluss mehr.
- Akzeptieren Sie, dass es trotz bester Rahmenbedingungen Probleme geben kann. Wer aber alles getan hat, was ihm möglich war, hat keinen Grund für Selbstzweifel und Schuldgefühle, erst recht nicht, wenn Kinder bereits erwachsen sind.
- Mütter sollten wissen, dass sie von ihren Kindern geliebt werden und ihnen deshalb auch Fehler und Versagen verzeihen. Kinder brauchen gute Mütter, keine perfekten.

Die Kunst, sich selbst zu lieben – Der wertschätzende Umgang mit sich selbst

Von Mark Twain stammt die Weisheit: „Die schlimmste Einsamkeit besteht darin, sich selbst nicht leiden zu können." Und Christen dürfte der Satz bekannt sein: „Liebe deinen Nächsten, wie dich selbst!" (Galater 5.14) Doch wie kann ich meinen Nächsten lieben, wenn ich mich selbst nicht liebe? Wie kann ich meine Welt mit all ihren Unzulänglichkeiten akzeptieren, wenn ich meine eigenen natürlichen Unzulänglichkeiten nicht akzeptiere?

Für mich ist es immer wieder erschreckend, in Seminaren und Beratungen feststellen zu müssen, dass selbst sehr gut ausgebildete, profilierte, tüchtige Mütter wenig wertschätzend und achtsam mit sich selbst umgehen. Durch besonders gute Leistungen, Perfektionismus und Attraktivität versuchen sie häufig, einem Idealbild zu entsprechen. Statt verständnisvoll mit sich umzugehen, sind Mütter selbst ihre schärfsten Kritikerinnen. Viel haben sie gelernt und vorzuweisen, nur die Kunst, sich selbst zu lieben, war weder in Schule noch Studium oder Berufsausbildung auf dem Lehrplan.

Mütter können dem Teufelskreis aus Vorwürfen und Selbstabwertung nur dadurch entkommen, indem sie lernen, sich selbst wertzuschätzen und achtsam und liebevoll mit sich selbst umzugehen. Diese Art der Selbstliebe hat nichts mit Selbstverliebtheit (Narzissmus) zu tun. Es geht vielmehr darum, dass Sie mit sich selbst liebevoller umgehen, dass Sie sich selbst positiv und offen gegenüberstehen und dass Sie auf Ihre Bedürfnisse und Grenzen achten. Es geht um die Kunst, mit sich selbst befreundet zu sein.

Von einem Freund erwartet man aufmunternde Worte, emotionale Unterstützung, Komplimente, Rücksicht und Verständnis, Geduld, Zuwendung, Trost, Fürsorge, das Gefühl, gemocht zu werden, das Gefühl, liebenswert und wertvoll zu sein. So wie man gerne von einem Freund behandelt werden möchte, so sollte man mit sich von nun an selbst umgehen. Das bedeutet: Als sein eigener Freund geht man fürsorglich mit sich um, verzeiht sich Fehler und Schwächen und übt Nachsicht mit sich.

Selbstliebe heißt:

- Nein zu sagen, wenn sich für mich etwas nicht gut anfühlt,
- sich selbst Respekt und Wertschätzung entgegenzubringen,
- Körper und Geist zu pflegen und sich selbst treu zu bleiben und authentisch zu sein.

Wer sich selbst liebt und annimmt, kann selbstbewusst sagen:

„Ich bin ich und das ist gut so. Ich kenne meine Vorzüge und meine Nachteile. Beides gehört zu mir."

Wertschätzung beginnt damit, sich selbst genauso wichtig zu nehmen wie andere, nicht mehr und nicht weniger. Mütter sollten lernen, sich als wichtigsten Menschen in ihrem Leben wahrzunehmen und sich zu lieben.

Das heißt konkret: Wenn ich mich liebe, bringe ich mir Wertschätzung, Achtung und Respekt entgegen, nehme meine Bedürfnisse ernst, höre auf die Sprache meines Körpers und verdränge weder Gefühle noch Probleme.

Ich setze vernünftige Grenzen und quäle mich nicht unnötig mit grüblerischen Gedanken. Ich trenne mich von überholten Überzeugungen und Gewohnheiten und entwickle die Einstellung: *„Was ich fühle, denke und sage, zählt. Ich bin wichtig!"*

Auf dem Weg zur Eigenliebe sollten Sie folgende Regeln beachten:

- Sie vermeiden Selbstkritik und Selbstverurteilung
- Sie haben Verständnis für sich, wenn Sie Fehler machen
- Sie haben Geduld mit sich, wenn Ihnen etwas nicht gelingt
- Sie sprechen sich selbst Mut zu, wenn Sie verzweifelt sind
- Sie geben sich selbst die Unterstützung und Hilfe, die Sie auch Ihrem besten Freund geben würden

Wir alle wissen, dass wir Freundschaften zu anderen pflegen müssen. So ist das auch mit der Freundschaft zu sich selbst. Man muss sich immer wieder aufs Neue darum bemühen. Wenn Sie also eine echte Freundschaft zu sich selbst aufbauen wollen, dann müssen Sie vor allem Folgendes unterlassen:

- an sich selbst zu zweifeln
- sich für Fehler zu verurteilen und
- sich mit anderen zu vergleichen.

Was unter Selbst- oder Eigenliebe zu verstehen ist, hat Charlie Chaplin poetisch ausgedrückt:

Als ich mich selbst zu lieben begann,
habe ich verstanden,
dass ich immer und bei jeder Gelegenheit
zur richtigen Zeit am richtigen Ort bin,
und dass alles, was geschieht, richtig ist –
von da an konnte ich ruhig sein.
Heute weiß ich, das nennt man Vertrauen:

Als ich mich selbst zu lieben begann,
konnte ich erkennen,
dass emotionaler Schmerz und Leid
nur Warnung für mich sind,
gegen meine eigene Wahrheit zu leben.
Heute weiß ich, dass nennt man authentisch sein.

Als ich mich selbst zu lieben begann,
habe ich aufgehört,
mich nach einem anderen Leben zu sehnen,
und konnte sehen, dass alles um mich herum
eine Aufforderung zum Wachsen war.
Heute weiß ich, dass nennt man Reife.
Wir brauchen uns nicht weiter vor Auseinandersetzun-
gen,
Konflikten und Problemen mit uns selbst
und anderen zu fürchten,
denn sogar Sterne knallen manchmal aufeinander
und es entstehen neue Welten.
Heute weiß ich, das ist das Leben.

3.
Verstehen, versöhnen und verzeihen

Manchmal ist es Müttern trotz aller Ratschläge, sich von Selbstzweifeln zu befreien und die Kunst zu erlernen, sich selbst zu lieben, nicht möglich, die bestehenden Probleme wirklich zu verstehen. Das sollte der Anlass sein, sich mit der eigenen Vergangenheit auseinanderzusetzen, also mit der Frage, warum man so geworden ist, wie man ist.

Wodurch wir wurden, was wir sind – Prägungen entschlüsseln und verstehen

Der Frage, wodurch wir wurden, was wir sind, bin ich bereits in meinem gleichnamigen Buch 2006 nachgegangen.[22]

Mütter, die sich mit sich selbst auseinandersetzen, werden erstaunt sein festzustellen, wie sehr unbewusst übernommene Verhaltensmuster aus der Herkunftsfamilie der Grund für aktuelle Probleme sind. Deshalb ist es unausweichlich, sich mit seinen Wurzeln auseinanderzusetzen. Darüber hinaus muss es einen Prozess geistiger Versöhnung geben. Der aber tritt meist erst ein, wenn die Emanzipation von der Mutter vollständig gelungen ist und man eine eigene Identität ausgebildet hat – denn wer zu sich selbst steht, kann sich auch zu seinen Wurzeln bekennen. Wer sich über die von seiner Mutter er-

erbten Eigenarten nicht mehr ärgern muss, hat diesen Prozess erfolgreich absolviert.

Sinnlos ist es, Energie darauf zu verwenden, gegen die „Mitgift“ familiärer Verhaltensmuster anzukämpfen, weil das auf Dauer nur anstrengend ist, aber nichts ändert. Sinnvoll dagegen ist es, sich familiäre Verhaltensmuster bewusstzumachen. Eine Befreiung von Prägungen ist bis zu einem gewissen Maße durch bewusstes und kontrolliertes Leben möglich, allerdings nicht in Stresssituationen, denn unter Stress spulen alle Menschen das Verhaltensmuster ab, das ohne langes Überlegen verfügbar ist und das in jedermanns Unterbewusstsein eingraviert ist.

Rückfälle in familiäre Verhaltensmuster sind nie ganz auszuschließen. Das ist oft anlässlich familiärer Feste an der Art der Kommunikation und Interaktion zu beobachten. Familienmitglieder geraten speziell zu Weihnachten durch vielfältige, gegensätzliche Erwartungen unter Druck und dadurch nicht selten in Konflikte.

Es gibt Verhaltensmuster, von denen es besonders schwerfallen kann, sich zu lösen, insbesondere, wenn man in engem räumlichen Kontakt zu den Eltern lebt, z. B. im gleichen Haus wohnt. Verinnerlichte Verhaltensmuster, die sich besonders hartnäckig halten, sind: Leistungsbereitschaft, Perfektionismus, Durchsetzungswille, Sparsamkeit, Ordnungssinn, Sauberkeitswahn, Verantwortungsbewusstsein, Bescheidenheit, Genügsamkeit, Dominanz, Hilfsbereitschaft, soziales Engagement.

Stellvertretend für übernommene Verhaltensmuster sind:

1. Das Verhaltensmuster „brave Tochter“

Die Mutter vom Typ „brave Tochter“ hatte ihren Eltern immer gefallen wollen und hat diese Haltung auch bis jetzt nicht aufgegeben. Sie tut alles, um ihre Mutter (Eltern) zufriedenzustellen, und gibt eigene Wünsche und Bedürfnisse auf. Muttersöhnchen und Vatertöchterchen sind allseits bekannte Bezeichnungen für solche Kinder, die sich nicht emanzipieren und sich nicht aus der Eltern-Kind-Symbiose befreien konnten. Solche Kinder, insbesondere „brave Töchter“, hoffen:

„Verhalte ich mich wie meine Mutter (Eltern) es möchte(n), dann bin ich ihrer Liebe und Anerkennung sicher, dann geht es mir und meinen Eltern gut!“

An folgenden Aussagen können Sie diese Prägung entlarven:

„An Weihnachten müssen wir zu meinen Eltern, das war schon immer so und sonst wären sie zutiefst enttäuscht.“ Oder: „Ich kann doch nicht von meinen Eltern verlangen, dass sie Heiligabend allein sitzen …“

2. Das Verhaltensmuster „rebellische Tochter“

Man praktiziert das genaue Gegenteil von dem, was die Eltern gemacht haben. Wurde früher viel geschenkt und ein Riesenspektakel aus Weihnachten gemacht, so gibt es heute nichts und alles bleibt spartanisch. Fiel bei den Eltern Weihnachten schlicht aus, übertreiben manche erwachsene Kinder, die sich in Opposition befinden, was aber zeigt, dass mit diesem betonten Anderssein die Kindrolle dominiert.

Betrifft das Frauen, die selbst bereits Mütter sind, können sie an diesem Verhalten erkennen, dass sie nicht frei und selbstbestimmt in ihrer Entscheidung sind, sondern letztlich nur den Gegenpol ihrer Vergangenheit praktizieren.

Manche erwachsene Kinder bleiben ein Leben lang in der Protest- und Antihaltung, sind ein Leben lang gegen alles, was mit Ritualen der Vergangenheit zu tun hat, und machen genau das Gegenteil von dem, was von ihnen erwartet wird. Aber – was man stark ablehnt, mit dem bleibt man intensiv verbunden. Damit ist man alles andere als frei.

3. Das Verhaltensmuster „dominante Tochter"

Dominieren wollen zeigt sich vor allem in Geschwisterkonflikten. Geschwister haben nicht nur in Kindheitstagen um die Liebe und Anerkennung ihrer Eltern gebuhlt. Manches Mal haben die Eltern auch den Konkurrenzkampf unter den Geschwistern befeuert. Deswegen haben Geschwister oft eine belastete Beziehung untereinander. Wenn es nie zu einer klärenden Auseinandersetzung gekommen ist, ist eine Begegnung auf Augenhöhe kaum möglich, und was noch schlimmer ist, solche Geschwisterkonflikte scheinen sich in die nächste Generation zu „vererben".

Ziel einer kritischen Selbstanalyse sollte sein, zu erkennen, wie erwachsen, souverän und frei wir wirklich sind. Sind wir im Reinen mit uns und unserer Mutter, egal, ob sie noch lebt oder nicht, oder hegen wir noch Groll gegen sie. Lassen wir es zu, dass unsere Mutter uns noch wie ein Kind behandelt, und sind wir als Mutter noch immer in der Mutterrolle, obwohl unsere Kinder bereits erwachsen sind?

Unabhängig davon, ob Ihre Mutter noch lebt oder nicht, bringt Ihnen folgende Übung Klärung: Stellen Sie sich Ihre Mutter vor und achten Sie auf die Emotionen, die Sie dabei wahrnehmen. Sind es eher vorwurfsvolle Gefühle, Schuld- oder Unterlegenheitsgefühle oder angenehme liebevolle Gedanken?

Frei sind Sie erst, wenn Sie Ihrer Mutter voller Dankbarkeit auf Augenhöhe begegnen können, ohne jegliche innere Spannung. Das gelingt, wenn Sie sich einmal für alles, was Sie bekommen haben, ehrlich bedankt haben und die Erziehung für beendet und abgeschlossen erklären, ohne das Kritische aus den Augen zu verlieren. Zugegeben, das ist nicht einfach, jedoch sehr befreiend.

Wer mit seinen familiären Prägungen hadert, der sollte sich bewusstmachen, dass er nicht nur negative Verhaltensmuster und Prägungen „abbekommen" hat, sondern auch solche, die ihn „fit for life" gemacht haben und für ihn eine reiche Mitgift fürs Leben waren.

Hilfreich ist es, auf das selbst Erreichte zu schauen und bereit zu sein, das Erbe anzutreten, aber sein eigenes Haus zu bauen und die Mitgift nicht als Hypothek zu sehen.

Selbstanalyse – Was würde ich heute anders machen?

Wenn es möglich wäre, bestimmte Lebensabschnitte noch einmal zu durchleben, würde ich mit dem Wissen und der Erfahrung von heute einiges anders und vielleicht auch besser machen. Nur, als es darum ging, Entscheidungen zu treffen und Weichen zu stellen, hatte ich als Mutter weder Erfahrungen noch das erforderliche Wissen, das ich heute habe. Um sagen zu können, was ich heute anders machen würde, müsste ich der Mensch von damals sein mit dem Wissen und der Erfahrung von heute.

Wenn Kinder uns Müttern etwas vorwerfen, kommen wir meist reflexartig in eine Rechtfertigungshaltung. Dabei haben wir getan oder gelassen, was wir – unter Berücksichtigung der damaligen Lebensbedingungen – für richtig hielten.

Wenn man Mutter geworden ist, macht man sich viele Gedanken darüber, wie man sein Kind erziehen möchte. Man überlegt, welche Werte man als Mutter vermitteln will und was man als Mutter vorlebt. Viele junge Mütter haben bei ihrem ersten Kind keine genaue Vorstellung, wie sie es erziehen möchten oder aber auch, was sie betont anders machen möchten, als sie es aus ihrer Erziehung in Erinnerung haben. Natürlich spielt auch die eigene Kindheit eine große Rolle, die Prägung und die Zeit, in der man aufgewachsen ist.

Als ich Mutter wurde, habe ich viel über meine eigene Kindheit nachgedacht. Wie hat mich meine Mutter geprägt und erzogen, welche Werte hat mir mein Elternhaus vermittelt? Ich habe überlegt, was ich gut fand und was nicht, weil ich gerade das, was ich nicht gut fand, bei meinen eigenen Kindern besser machen wollte. Es ist eine natürliche Sache, dass man aus etwaigen Fehlern der eigenen Eltern lernt und versucht, es besser zu machen.

Dazu ist es erforderlich, sich mit dem *Erziehungskonzept der eigenen Eltern* auseinanderzusetzen.

Meine Eltern waren Kriegseltern, durch ihre Erziehung geprägt einerseits von preußischen Tugenden wie Fleiß, Ordnung, Sauberkeit, Disziplin, Pünktlichkeit, Pflichtbewusstsein, Gewissenhaftigkeit, Ehrlichkeit, Sparsamkeit, Toleranz, Zuverlässigkeit und beeinflusst andererseits durch die Manipulationen des Nationalsozialismus, dessen Erziehungsprinzipien ich als schädlich erlebt und deshalb nicht übernommen habe.

In meinem Elternhaus gab es nur Gehorsam, Ungehorsam wurde streng geahndet und bestraft. Das führt zu abgerichteten Ja-Sagern und nicht zu selbstbewussten Menschen. Mir klingt noch ganz unangenehm der Satz meiner Mutter im Ohr: *„Der Wille muss gebrochen werden."* Und danach wurden wir Kinder erzogen. So wollte ich es zumindest nicht machen, weil der Wille das ist, was den Menschen und seine Persönlichkeit ausmacht. Auch mit der Rechtfertigung des Erziehungsmittels Prügel durch meine Mutter, *„wen Gott liebt, den züchtigt er"*, konnte und wollte ich mich nicht identifizieren.

Mein Elternhaus hat mir allerdings auch viel vermittelt, was mir geholfen hat, mich in dieser Welt zu bewähren. Neben den bereits erwähnten „preußischen Tugenden" besonders Leistungsbereitschaft, Durchhaltevermögen, Einsatzfreudigkeit, Verlässlichkeit und soziales Engagement. Diese Werte waren mir wichtig und deshalb habe ich sie auch bei der Erziehung meiner Kinder übernommen. Was leider auf der Strecke geblieben ist, ist der Umgang mit Gefühlen, und ich habe das, was ich gelernt bzw. nicht gelernt habe, bedauerlicherweise unbewusst und ungewollt auch weitergegeben. Ich habe es so gehalten, dass es Regeln gab, die einzuhalten waren, dass sie aber erklärt wurden und diskutiert werden konnten.

Aus Unsicherheit heraus bin ich sicherlich oft autoritär gewesen. Heute wünschte ich mir, damals gelassener und zuversichtlicher gewesen zu sein. Früher habe ich vielleicht auch zu oft mit Druck und starren Regeln gearbeitet, statt mal flexibel zu sein und „fünfe gerade sein zu lassen“. Im Gegensatz zu meiner Erziehung, die noch von sehr viel Druck, Angst und Gewalt bestimmt war, war mein Ziel, dass meine Kinder mir vertrauen können und selbstbewusst und angstfrei aufwachsen sollten.

Heute würde ich auch hier noch großzügiger sein, weil ich heute mehr Selbstvertrauen und Zuversicht besitze, dass das, was in den Kindern angelegt ist, auch irgendwann herauskommt.

Über diese Art von Großzügigkeit und Gelassenheit verfügte offenbar die Mutter von Elisa im nachfolgenden Beispiel:

Elisa, 39:

„Ich wiederhole das in der Erziehung meiner Kinder, was ich gelernt habe. Meine Mutter hat bei schulischen Leistungen immer sehr gelassen reagiert und auch aus einer Fünf in Englisch kein Drama gemacht. Ich erinnere mich noch an die zuversichtliche Einstellung meiner Mutter, mit Misserfolg umzugehen, was ich an meine Kinder weitergeben möchte.“

Nicht so viel Glück hatte Daniela mit ihrer Mutter:

Daniela, 41:

„Ich hatte leider keine so schöne Kindheit. Meine Mutter – auch wenn sie es sicher nur gut gemeint hat – hat so ziemlich alles falsch gemacht, was man falsch machen konnte. Bei Erziehungsfragen überlege ich bei meinen Kindern immer zuerst, was meine Mutter gemacht hätte, um mich dann für das Gegenteil zu entscheiden."

Bei Müttern, die bewusst anders erziehen wollen, spielt deren Erfahrung eine entscheidende Rolle. Meist handelt es sich um diejenigen, denen ihre Mutter nie zugehört, sie geschlagen oder mit Liebesentzug bestraft hat.

Ich habe an mir selbst erlebt, dass vieles, was man in der eigenen Erziehung als schwierig bewertet hat und ändern möchte, gar nicht so leicht zu durchbrechen ist, denn jeder hat aus seiner Erziehung Verhaltensweisen ungewollt oder unbewusst übernommen.

Wer mit Aggressivität und Wut oder Schlägen aufgewachsen ist, wird häufiger zu diesen unbewusst verinnerlichten feindseligen Verhaltensmustern greifen. Der Forschungsleiter Kerr fand zur Studie über verschiedene Generationen heraus, dass negatives Elternverhalten, wie z. B. Feindseligkeit, zu negativer Elternschaft in der nächsten Generation führe. Wenn man sein Kind mit Wut und Drohungen kontrollieren wolle, lerne es, so mit seinen Freunden, Lehrern und schließlich mit den eigenen Kindern umzugehen, so sein Fazit.[23]

Wenn ich rückblickend die Kindheit meiner Kinder betrachte, so denke ich, dass sie nicht immer paradiesisch war, aber so, dass aus ihnen belastbare, tüchtige Menschen geworden sind, und demzufolge kann nicht alles falsch gewesen sein.

Erziehung ist etwas, was sich erst als Erwachsener mit etwas Abstand wirklich gut einschätzen lässt. Ich bin froh darüber, dass es mir gelungen ist, meinen Kindern einen guten Start ins Leben ermöglicht zu haben. Sie haben eine gute Ausbildung erhalten, studiert und ihren Weg im Leben gefunden. Manchmal habe ich sie mit Ehrgeiz und Perfektionismus genervt, frustriert und überfordert. Darauf würde ich – wenn ich heute noch einmal in der Situation wäre, erziehen zu müssen – verzichten.

Ich kann behaupten, dass ich, wie alle Mütter, meine Kinder sehr geliebt habe. Vermutlich habe ich es ihnen aber zu wenig gezeigt, weil ich es von meinen Eltern nicht gelernt hatte. Wäre ich heute noch einmal in der Mutterrolle, würde ich über das Kümmern und Sorgen hinaus ihnen durch Worte, Taten und natürlich auch durch Zärtlichkeiten meine Gefühle zeigen.

Heute wäre ich garantiert eine andere Mutter, die ihren Kindern Freiraum zur Entwicklung geben würde, statt Regeln und Verbote aufzustellen. Heute hätte ich die Gelassenheit, sie einfach mal etwas machen zu lassen, sie etwas ausprobieren zu lassen, wo ihre Stärken liegen, und sie in dieser Richtung zu unterstützen und zu fördern. Ich würde heute meinen Kindern das Recht lassen, sich unbeeinflusst zu entwickeln, und es unterlassen, sie mit unausgesprochenen Aufträgen zu belasten. Ich würde weniger streng mit meinen Kindern sein, konsequent ja, aber ohne Angst zu haben, dass sie mir entgleiten.

Versöhnung mit sich selbst

Die Versöhnung mit sich selbst ist für viele Mütter die schwerste Lebensübung, denn es fällt ihnen fast immer schwerer, sich selbst als anderen etwas zu verzeihen.

Versöhnung mit sich selbst bedeutet, Ja zu sich zu sagen, zu den Eigenschaften und Gewohnheiten, die man sich selbst nicht so gern eingesteht oder die man gern verstecken würde. Das ist ein schwieriger Prozess. Aber – wie funktioniert die Versöhnung mit sich selbst?

Sie ist dann möglich, wenn man bereit ist, Selbstverleugnung, Selbsttäuschung und Lebenslügen aufzugeben, sich selbst nicht mehr auszuweichen und seiner inneren Stimme zuzuhören. Eine Voraussetzung für die Versöhnung mit sich selbst besteht darin, die Angst vor der eigenen Wahrheit zu überwinden und sich mutig seinen Schattenseiten und seinem Versagen zu stellen. Das ist für das eigene Selbstbild mitunter schmerzhaft. Wer diesen Prozess aber schafft, wird belohnt mit innerer Freiheit, die den inneren Druck reduziert, der durch das Aufrechterhalten der Fassade entstanden ist. Deshalb ist es sinnvoll, einen Menschen des Vertrauens in diesen Prozess einzubeziehen, der helfen kann, Selbsttäuschungen zu erkennen, aber auch als verständnisvolles Gegenüber Beistand zu leisten und Halt zu bieten. Eine gute Freundin kann einer Mutter darin eine gute Unterstützerin sein, sich selbst gelassener zu betrachten und die Etiketten abzulösen, die sie sich selbst aufgeklebt hat, wie z. B. *„ich bin Pessimistin, Grüblerin, Pechvogel“.* Sie kann zu einer realistischen Selbsteinschätzung und Selbstakzeptanz verhelfen, nach dem Motto: *„Ich bin, wie ich bin, aber nicht, wie ich sein möchte.“*

Zur Versöhnung mit sich selbst gehört, Ja zu sagen zur eigenen Lebensgeschichte, zur eigenen Herkunft, zu seinen Erbanlagen, zu den Schicksalsschlägen, die man nicht zu verantworten hatte, zu den eigenen, falschen Entscheidungen, die uns möglicherweise auf Jahre blockierten. Zur Versöhnung mit sich selbst gehört aber auch schonungslose Ehrlichkeit. Dass man akzeptiert, was zu einem gehört, das man aber nicht wahrhaben will, z. B. die Wut, die Unwahrhaftigkeit oder die Eitelkeit, denn wer sich nicht den eigenen Schattenseiten stellt, projiziert sie unbewusst auf andere.

Den Schatten annehmen und ihn sich einzugestehen ist unverzichtbar, weil die Seele nichts weniger ertragen kann als die Lüge. Bei der Aussöhnung mit sich selbst geht es auch um die Akzeptanz der eigenen Unzulänglichkeit, evtl. sogar einer Schuld. Die Versöhnung mit sich selbst ist dann gelungen, wenn aus Selbstvorwürfen, Selbstzweifeln und Schuldgefühlen Verständnis geworden ist für sich selbst und den eigenen Lebensweg, der so und nicht anders verlaufen ist.

Lebenswege sind in der Regel nicht glatt und geradlinig. Hier gilt es, den destruktiven Kreislauf der Selbstbeschuldigungen und des Selbstboykotts zu beenden und belastende Brüche und Enttäuschungen als Teil des Lebens anzunehmen, statt mit Selbstvorwürfen und unangemessener Härte gegenüber sich selbst darauf zu reagieren. Dabei ist hilfreich, sehen zu lernen, wofür wir trotz allem, was nicht gelungen ist, dankbar sein können. Indem man zu sich selbst steht und auch zu den nicht so gelungenen Anteilen seines Lebens und diese als Teil des eigenen Lebens akzeptiert, können innerer Druck abgebaut und Freiheit und Unabhängigkeit gewonnen werden.

Ohne dass man Verständnis für sich selbst entwickelt, wird man auch keines von anderen bekommen. Wer vor sich selbst bekennt: *„Ja, ich habe einen Fehler gemacht“*, der befreit sich, wird unangreifbar und hat es auch nicht mehr nötig, sich seine Fehler der Vergangenheit „schönzureden“ oder sie anderen anzulasten. Sich selbst verstehen zu lernen und sich selbst Dinge zu verzeihen, die einem unterlaufen sind, ist Voraussetzung dafür, anderen Fehler verzeihen zu können.

Gaby, 62:

„Bei meiner kritischen Bestandsaufnahme musste ich mir eingestehen, dass ich einiges falsch gemacht habe mit meinen Kindern, indem ich sie eingeengt und daran gehindert habe, eine eigene Persönlichkeit zu entwickeln. Ich reagierte allergisch auf ihre Rebellion und versuchte mit aller Macht, ‚Oberwasser‘ und damit meine Autorität zu verteidigen. Ich musste die Erfahrung machen, dass man immer das, was man krampfhaft festzuhalten versucht, verlieren wird. Ich musste erst lernen, dass Kinder ein Geschenk auf Zeit sind. Ihr Kontaktabbruch war für mich etwas, woran ich das gelernt habe. Der Kontaktabbruch bewirkte – trotz des damit verbundenen Leids – etwas Positives in mir. Heute weiß ich, dass meine Kinder ein Recht auf ein eigenständiges, selbstbestimmtes Leben haben und dass es nicht darauf ankommt, mir etwas recht zu machen. Sie dürfen so leben, dass sie eigene Entscheidungen treffen und damit glücklich sind. Mein Umdenken führte mich zu der Erkenntnis, dass ich mich selbst ändern muss, wenn sich etwas verändern soll. Plötzlich fiel es mir ganz leicht, verständnisvoll mit mei-

nen Kindern umzugehen, ihnen zuzuhören, statt etwas zu fordern. Heute frage ich mich bei Konflikten immer, wo mein Anteil ist, denn in einer Familie beruht alles auf Wechselwirkungen. Ich habe auch gelernt, dass man anderen nur dann etwas verzeihen kann, wenn man sich selbst verzeiht."

Das Beispiel zeigt, dass erst nach einer Versöhnung mit sich selbst eine Versöhnung mit den entfremdeten Kindern erfolgen kann.

Ich kenne viele Mütter, die mit sich, ihrer Herkunft, ihrem Sein und ihrem Schicksal hadern. Sie sind ganz und gar nicht einverstanden mit ihrem Leben, finden es ungerecht, glauben, benachteiligt worden zu sein und Opfer des Schicksals zu sein. Oft ist dann eine Psychotherapie erforderlich, um in einer solchen Situation Hilfestellung zu erhalten.

Gelingt es, sich mit sich und seinem Schicksal zu versöhnen, kann man besser damit umgehen, leidet nicht mehr an destruktiven Gefühlen, wie z. B. Wut, Hass, Missgunst und Schuldgefühlen. Gelingt es nicht, sich mit seinem Leben zu versöhnen, führt das oft in eine *chronische Verbitterungsstörung.*

Versöhnung mit den Kindern

Nachdem Mütter sich mit sich selbst versöhnt haben, geht es darum, sich mit ihren Kindern zu versöhnen. Dabei ist das Wichtigste, ihnen zu verzeihen, dass sie so anders sind, als Sie sich ihre Kinder vorgestellt haben. Mütter müssen sie so akzeptieren, wie sie sind. Und das ist schwer, denn dazu gehört es, sich von Illusionen zu verabschieden und auch unerwünschte Eigenschaften, die zur Entfremdung führten, zu akzeptieren.

Wie kann es Müttern gelingen, sich mit ihren Kindern zu versöhnen? Meiner Erfahrung nach geht das nur mit Toleranz, Verständnis und Respekt und damit, Kinder vorurteils- und erwartungsfrei annehmen zu können. Voraussetzung für eine Versöhnung ist es, zu akzeptieren, dass die Kinder irgendwann erwachsen sind, der Erziehungsauftrag beendet ist und erwachsene Kinder das Recht auf ein eigenes Leben und auf ihre Selbstverwirklichung haben. Kinder ins Erwachsenenleben zu entlassen und sie auf gleicher Augenhöhe zu behandeln, ist eine Voraussetzung für einen konfliktfreien Umgang miteinander. Wenn Mütter z. B. mit ihren Töchtern, die selbst bereits Mütter sind, noch bemutternd umgehen, zeigt das, dass der Ablösungsprozess nicht gelungen ist, wodurch es zu sich immer wiederholenden Konflikten, Abwehrreaktionen und Aggressionen kommt.

Frieden schließen mit den Kindern ist Müttern nur dann möglich, wenn sie sich nicht mehr permanent in das Leben ihrer Kinder einmischen, vor allem nicht in deren Lebensgestaltung, wie den Beruf oder die Partnerwahl. Das erfordert den Willen, die Beziehung zu verbessern, aber auch Selbstdisziplin.

Toleranz ist auch gefragt, wenn durch die Familiengründung der eigenen Kinder zwei Familiensysteme aufeinandertreffen. Nur mit Toleranz und der Wertschätzung des Andersseins lassen sich dann Gegensätze überwinden. Es geht darum, bei der Erweiterung der Familie mit der Fremdheit respektvoll umgehen zu lernen, nicht mit eigenen Werten, Ritualen und Verhaltensweisen zu dominieren, sondern sich durch „Aushandeln“ fairer Kompromisse einander anzunähern.

Um sich mit den Kindern versöhnen zu können, sollten Mütter akzeptieren, dass ihre Kinder anders leben und dass ihnen andere Dinge wichtig sind:

- Sie leben vielleicht in einer Familie, ohne verheiratet zu sein
- Sie wählen vielleicht Teilzeitarbeit, um mehr Zeit füreinander zu haben
- Sie teilen sich Haus- und Erziehungsarbeit und leben in einem Modell gleichberechtigter Partner- und Elternschaft
- Sie haben andere Verhaltensweisen, eine andere Sprache, andere Kommunikationsweisen, andere Prioritäten

Kluge Mütter entwickeln dafür Verständnis, denn ihre Kinder leben in bewegten Zeiten, die hohe Flexibilität erfordern. Deshalb sollten Mütter Verständnis aufbringen, wenn ihre stark beanspruchten Kinder am Wochenende lieber etwas mit Freunden unternehmen, als regelmäßig bei Mama vorbeizuschauen.

Von Müttern wird vor einer Versöhnung mit ihren Kindern meist eine Vorleistung erwartet, nämlich, Abschied zu nehmen von Erwartungen und stattdessen zu akzeptieren, dass ihre Kinder andere Akzente setzen und eigene Lebensziele definieren. Das ist Toleranz und bedeutet nicht, dass dadurch das eigene Lebenskonzept missachtet und nicht wertgeschätzt wird. Hilfreich für den Prozess der Versöhnung ist die Einsicht der Mütter, dass ihre Kinder kein persönliches Eigentum sind und als Erwachsene das Recht haben, eigene Lebensziele zu haben und eigene Wege zu suchen.

Dass Kinder eine eigene Lebensspur formen wollen und nicht in den Fußstapfen der Eltern „stapfen“ wollen, kann man ihnen nicht verübeln. Mütter sollten Toleranz und Respekt für andere Lebensentscheidungen und Lebensmodelle entwickeln, die sie weder zu kommentieren noch zu bewerten haben. Es könnten hilfreiche Leitplanken in der gegenseitigen Achtung und Wertschätzung sein.

Verständnisvolle Mütter nehmen zur Kenntnis, dass ihre Kinder oft bis zur Leistungsgrenze belastet sind, vor allem, wenn sie Beruf und Familie miteinander vereinbaren müssen. Auch dann, wenn sie als Mütter selbstlos für alle da waren und sich aufopferungsvoll um ihre Familie gekümmert haben, sollten sie Verständnis dafür haben, dass die nächste Generation vielleicht mehr gesunden Egoismus hat und auch mal etwas ablehnt.

Hilfreich für einen Versöhnungsprozess ist ein Perspektivwechsel. Fragen Sie sich: *„Wie hätte ich reagiert, wenn ich an der Stelle meiner Kinder gewesen wäre?“*

Zugang zu Kindern bekommen Mütter nur dann, wenn sie emotionales Verständnis für die in der Kindheit der Kinder erlittenen seelischen Schmerzen aufbringen. Mütter werden dann begreifen, dass sich ihre Kinder als „Opfer” fühlen, die unter Entbehrungen gelitten haben und in der Mutter die uneinsichtige „Täterin” sahen. Manchen Müttern und Kindern gelingt es erst nach Jahren, gegenseitig psychische Begrenzungen anzuerkennen. Es kann sein, dass die Mutter von ihren Kindern etwas erwartet, was diese aber nicht leisten können und umgekehrt. In gegenseitigen Erwartungshaltungen und im Unvermögen und psychischen Grenzen sehe ich viele Ursachen für Beziehungskonflikte, die oft nur mit Hilfe einer psychoanalytischen Therapie aufgelöst werden können.

Vielleicht denken Sie jetzt: *„Wie soll ich Verständnis haben, wenn Kinder die Beziehung gekündigt haben und nicht mit mir reden?“*

Im Fall eines Kontaktabbruches durch die Kinder liegt in der Tat eine verfahrene Situation vor. Mütter erleben einen Kontaktabbruch zunächst als Schock und Strafe, ohne dass ihnen in der Regel bewusst ist, warum sich ihre Kinder von ihnen abgewandt haben. Es muss nichts Spektakuläres passiert sein, oft ist es nur ein kleines Ereignis, das zum Abbruch der Beziehungen führt. Und genau das ist häufig das Problem, denn gut gemeint muss nicht gut sein, sondern kann von Kindern auch als Übergriff oder Bevormundung empfunden werden. Auf die Position *„Ich habe es doch nur gut gemeint“* ziehen Mütter sich gern zurück. Es macht sie unangreifbar, aber sie selbst verstellen sich damit den Blick auf das, was wirklich geschehen ist, und auch den Blick auf eigene Fehler. Keine gute Basis also, um einen Beziehungskonflikt zu lösen.

Mütter, die sich mit ihren Kindern versöhnen wollen, müssen lernen, sie in ihrer Individualität und ihren Bedürfnissen ernst zu nehmen. Unerwünschte Ratschläge und Einmischungen bergen viel Konfliktstoff. Oft ist es nur ein kleines Ereignis, das das Fass zum Überlaufen bringt. Zunächst bleibt „verlassenen Müttern“ nichts anderes übrig, als die von ihren Kindern errichtete Kontaktsperre zu akzeptieren.

Beratungsgespräche mit einem Psychologen oder Familientherapeuten können für „verlassene Mütter“ hilfreich sein, um die eigene Situation aufzuarbeiten. Die Teilnahme an einer Selbsthilfegruppe ist eine gute Möglichkeit, sich über Erfahrungen auszutauschen. Die Ohnmacht der Hilflosigkeit, die Trauer und Gefühle wie Scham können in der Gruppe Betroffener meist besser verarbeitet werden. Idealerweise verurteilen sich dabei weder die Mütter für Fehler, die sie gar nicht erkennen oder rückgängig machen können, noch verurteilen sie ihr Kind für sein Verhalten. Ihre Liebe bleibt unabhängig vom Verhalten des Kindes.

Versöhnung ist eine Brücke, über die man gehen muss, am besten von beiden Seiten. Mütter sollten Geduld aufbringen und ihre Kinder motivieren und ermutigen können, die Brücke zum Neuanfang zu überqueren. Darüber hinaus ist es wichtig, dass Mütter ihrem Kind auf verschiedene Weise immer wieder signalisieren, wie sehr sie sich um es bemühen, dass sie an es denken und wie sehr sie sich Aussprache und Aussöhnung wünschen. Bis es dazu kommen kann, brauchen Mütter sehr viel Geduld. Ich rate dazu, das Kind nicht zu bedrängen, sondern ihm Ruhe und Abstand zu geben und abzuwarten, wie das Kind sich entscheidet und ob und wann es wieder Kontakt wünscht. Kommt es irgendwann zur Aussprache, ist es hilfreich, das Problem offen anzusprechen, dem Kind Gelegenheit zu geben, sich zu äußern und ihm wirklich zuzuhören.

Wenn es zur Versöhnung kommen soll, müssen Mütter bereit sein, sich die Kritik des Kindes wirklich anzuhören, ohne sich sofort selbst zu verteidigen. Dazu gehört auch, eigene Fehler einzugestehen, oder einzuräumen, dass man bestimmte Dinge nicht bewusst gemacht hat. Oft ereignen sich bei solchen Aussprachen wahre Überraschungen, weil die Eltern eine andere Wahrnehmung als ihre Kinder hatten.

Auch wenn das erste Gespräch nicht viel bringt, kann es sich lohnen, es immer wieder zu versuchen, denn Beziehungen wandeln sich ein Leben lang. Es kann durchaus wieder eine Phase geben, in der man sich besser versteht.

Mütter können einen Versöhnungsversuch auch schriftlich machen, was auch gewisse Vorteile hat. Ein Brief oder eine Mail ist ein Versöhnungsversuch aus der Distanz heraus. Das Kind muss sich nicht bedrängt fühlen und sofort darauf reagieren. Es kann sich in Ruhe überlegen, ob und wie es darauf reagieren will. Auch für die Mutter ist die schriftliche Form vorteilhaft, denn sie muss vor dem Schreiben Gedanken und Gefühle sortieren. Darüber hinaus verhält man sich erfahrungsgemäß schriftlich auch maßvoller als in Diskussionen, während derer man schlimmstenfalls wieder in destruktive Kommunikationsmuster zurückfällt. Inhaltlich wichtig ist es, dem Kind zu sagen, wie gern man es hat und was es einem bedeutet. Das ist oft das, was das Kind hören will und was die Versöhnungsbereitschaft fördert.

Trotz aller Zerwürfnisse sollten Mütter mit gutem Beispiel vorangehen. Sie können zu unterschiedlichsten Zeiten und Anlässen immer wieder Versöhnungsangebote machen, zum Geburtstag und zu Weihnachten ein Päckchen schicken, um dadurch zu zeigen, dass sie an ihr Kind denken. Es kann sein, dass das Kind all das ignoriert. Trotzdem sollten Mütter nie nachlassen, um ihr Kind zu kämpfen. Selbst dann nicht, wenn jahrelange Ausdauer gefragt ist, bis das Kind gefestigt und dazu bereit ist, sich zu versöhnen.

Mütter können nichts erzwingen und Entwicklungen nicht beschleunigen. Sie sollten ihr Kind nicht bedrängen, sondern sich darin trainieren, Entwicklungen abwarten zu können, mit der Zuversicht, dass das, was Sie in Ihrem Kind als Basis angelegt haben, nicht verloren geht. Warten erfordert Ausdauer und Geduld, ist aber unumgänglich, denn

... „das Gras wächst auch nicht schneller, wenn man daran zieht!“

Aber auch, wenn keine Resonanz erfolgt, können Mütter sich mental oder spirituell versöhnen, denn Versöhnung ist eine persönliche Entscheidung, unabhängig vom anderen, Selbstschutz und die wirksamste Form der Seelenhygiene.

Aber auch die Zeit nach einer Versöhnung erfordert viel Geduld und Fingerspitzengefühl, denn man bewegt sich auf dünnem Eis, das schnell brüchig werden kann. Deshalb ist es auch nicht empfehlenswert, in dieser Phase Probleme besprechen und lösen zu wollen. In dieser Phase gilt es, das, was möglich ist, zu schätzen und alles zu unterlassen, was zu neuen Störungen führen könnte. Kehren Kinder, die ihre Mütter verlassen haben, zurück, dann sollten Sie es dem Vater des „verlorenen Sohnes“ gleichtun, Ihr Kind in den Arm nehmen und ihm zu sagen, wie froh Sie sind, dass es wieder da ist.

Was es jetzt am dringlichsten braucht, sind Verständnis und Zuneigung. Aber – und darüber sollten sich glückliche Mütter nach der Rückkehr ihrer Kinder keine Illusion machen – durch das „Zurückkommen“ ist der einstige Konflikt noch nicht gelöst. Man sollte nicht mit der Tür ins Haus fallen, aber irgendwann sollten Mütter versuchen, über den Konflikt zu sprechen und ihn nicht zu tabuisieren.

Viele Mütter vermeiden das aus Angst vor Eskalation. Es kann auch ratsam sein, sich kompetente Unterstützung zu holen, um zu verstehen, was passiert ist, und zu lernen, trotz allem behutsam und wertschätzend miteinander umzugehen.

Das Herz einer Mutter ist ein Abgrund, in dessen Tiefe
man immer eines findet:
Bereitschaft zum Verzeihen. (Honoré de Balzac)

In der Tat ist Mutterliebe etwas Besonderes. Sie gibt alles, verzeiht alles und sie schenkt alles. Mutterliebe hält einiges aus, auch dann, wenn Mütter zurückgewiesen und ungerecht und schlecht behandelt wurden.

Was Mütter für eine gute Beziehung zu ihren Kindern tun können

Der Ausstieg aus der Mutterrolle

Mütter möchten ihre Kinder vor Irrungen, Wirrungen, Enttäuschungen und Schaden bewahren. Statt loszulassen und zuzulassen, dass ihre Kinder vieles anders entscheiden und machen, nötigen sie ihnen ungebetene Ratschläge auf. Das ist eine häufige Ursache für Konflikte.

Das zu wissen und sich deshalb zurückzunehmen, kann die Beziehung zu den Kindern verbessern.

Aber, Kinder in die Erwachsenen-Selbstständigkeit zu entlassen und die Mutterrolle abzulegen, ist besonders für Mütter, bei denen Kümmern und Fürsorge zum Fingerabdruck ihres Charakters geworden ist, gar nicht so einfach: Sie merken oft nicht, dass sie ihren 30-jährigen Sohn wie einen Viertklässler behandeln und ihn ungefragt bemuttern.

Und wie gehen Sie mit Ihrer längst erwachsenen Tochter um? Geben Sie ihr nach wie vor ungefragt Ratschläge?

Um endlich aus der Mutterrolle herauszukommen, ist es oft hilfreich, an die Zeit zurückzudenken, als wir Mütter in der gleichen Situation wie heute unsere Kinder waren.

Wie fühlten Sie sich, als Sie mit achtzehn oder einundzwanzig endlich volljährig waren?

Ob Sie sich reif und erwachsen fühlten oder nicht, auf jeden Fall wollten Sie sich bestimmt ab diesem Zeitpunkt nicht mehr bevormunden lassen und haben sich bei Kommentaren Ihrer Mutter höchstwahrscheinlich heftig gewehrt.

Unseren erwachsenen Kindern geht es ebenso wie uns damals. Sie wollen selbst entscheiden und eigene Erfahrungen machen.

Bedenken Sie auch, dass der Verlust der Mutterrolle Ihnen auch viele Freiräume beschert.

Sie müssen nicht mehr stark und überlegen, müssen nicht mehr Vorbild sein. Sie müssen sich nicht mehr ständig unter Kontrolle halten, sondern dürfen sich Ihren Kindern mit Ihren Schwächen zeigen, sich auch mal gehen lassen, mal aus der Rolle fallen. Mütter müssen sich auch für das Wohlergehen ihrer erwachsenen Kinder nicht mehr verantwortlich fühlen. Diese Verantwortung müssen die Kinder jetzt selbst tragen.

Großzügigkeit und Toleranz

Mütter, die auf liebenswerte Eigenschaften schauen, die Vorzüge ihrer Kinder anerkennen und loben und nachsichtig sind mit deren Fehlern und Schwächen, zeigen Großzügigkeit und Wohlwollen und beides fördert ein gutes Familienklima.

In der Tat kostet es sehr viel Kraft, zuzuschauen und zu schweigen, wenn Ihre Kinder klassische Anfängerfehler machen.

Es zahlt sich aber aus. Vieles wird ganz anders laufen, als sie es sich vorgestellt haben. Denken Sie daran: Es ist das Leben Ihrer Kinder und nicht Ihres! Erwachsene Kinder haben das Recht, ihr Leben nach eigenen Vorstellungen zu gestalten.

Akzeptieren Sie, dass Ihre Kinder Ihre Enkelkinder anders erziehen!

Das alles verlangt von Müttern viel Toleranz.

Die Privatsphäre der Kinder respektieren

Respektieren Sie die Wohnung oder das Haus Ihrer Kinder und wirken Sie nicht ungehemmt in die Privatsphäre Ihrer Kinder hinein. Sie müssen Grenzen respektieren,

z. B. nicht unangemeldet zu kommen oder dank eines Zweitschlüssels plötzlich in der Wohnung zu stehen, nicht ungefragt in der Wohnung Ihrer Kinder zu putzen, aufzuräumen oder zu renovieren.

Das würde von erwachsenen Kindern als Übergriff empfunden.

Der Umgang mit Vorwürfen und Kritik

Hilfreich ist es, wenn Mütter ein gesundes Selbstbewusstsein und eine gute Portion Humor haben, denn dann werden sie nicht gleich zusammenbrechen, wenn ihre Kinder sie für alles Mögliche kritisieren, sondern können unterscheiden zwischen berechtigter, sachlicher Kritik und unsachlicher.

Wenn Ihre Tochter Ihnen vorwirft, sie habe unter Ihren oft zu hohen Ansprüchen und Ihrem Perfektionismus gelitten, dann ist das so. Es ändert sich auch nicht, wenn Sie ihr zu beweisen versuchen, dass Ihre Ansprüche nicht überhöht waren. Das eine ist Ihre Sicht der Dinge, das andere die Bewertung Ihrer Tochter.

Aber Sie können Ihrer Tochter im Gegenzug selbstbewusst von Ihren Enttäuschungen berichten, dass sie – aus Ihrer Sicht – so wenig Interesse an Dingen zeigte, die Ihnen sehr wichtig waren.

Auf diese Weise kann es zu einem besseren gegenseitigen Verständnis kommen. Jeder kann bedauern, dass das eigene Verhalten beim anderen eine Wirkung hatte, die er so nicht wollte. Das kann für beide letztendlich sehr entlastend sein.

Keine Kritik an der Partnerwahl des Kindes

Mütter können viel für eine gute Beziehung zu ihren erwachsenen Kindern tun, indem sie die Partnerwahl ihrer Kinder nicht kommentieren oder gar Partnerinnen und Partner ihrer Kinder ablehnen. Ihre Kinder fühlen sich dann mit abgelehnt.

Sorgen Sie stattdessen für eine Atmosphäre, in der sich sowohl Kinder wie auch Schwiegerkinder wohlfühlen. Verbieten Sie sich Vorbehalte und Vorurteile!

Gehen Sie wertschätzend und respektvoll mit Ihren Kindern und Schwiegerkindern um, auch wenn Sie in vielfacher Hinsicht anderer Meinung sind und vieles ganz anders machen würden. Lassen Sie der nächsten Generation Raum, um zu wachsen!

4.
Zusammenfassung

- Mütter können Konflikte vermeiden und gute Beziehungen fördern, indem sie erkennen, dass Kinder weder Verbündete noch Berater oder Ersatzpartner sind. Es ist zwar schön, ein freundschaftliches Verhältnis zu haben, aber es gibt Themen, die besser mit der besten Freundin, dem Partner oder mit einem Therapeuten besprochen werden sollten, weil sie Kinder in einen Loyalitätskonflikt bringen würden.
- Viele Mutter-Kind-Beziehungen kranken daran, dass sie zu eng sind und Kinder zu wenige Freiräume haben. Die Frequenz der Besuche und Telefonate zwischen Eltern und erwachsenen Kindern sind häufig viel zu hoch. Das führt dazu, dass die Nähe zur Belastung wird. Lassen Sie Ihren Kindern die Freiheit, um sich zu einer eigenständigen Persönlichkeit entwickeln zu können. Mehr Distanz kann schon dabei helfen, die Beziehung zu entspannen. Nachdem Sie Ihren Kindern Wurzeln gegeben haben, geben Sie ihnen nun Flügel.
- Gestehen Sie Ihren erwachsenen Kindern zu, das Leben zu führen, das sie möchten. Seien Sie tolerant, wenn Ihnen die Lebensgestaltung Ihrer Kinder nicht gefällt, und halten Sie sich mit Kommentaren zurück. Verbieten Sie es sich, sich in das Leben ihrer erwachsenen Kinder einzumischen.

- Berücksichtigen Sie, dass Sie als die Elterngeneration eine völlig andere Prägung, andere Werte und eine andere Sichtweise haben. Viele Mütter begehen den Fehler, das Verhalten ihrer erwachsenen Kinder von diesem Standpunkt aus zu bewerten. Verbieten Sie sich vor allem abwertende Kommentare!

- Manchmal ist es aber auch notwendig, eine Auseinandersetzung zuzulassen. Ein offen ausgetragener Streit, in dem man ehrlich sagt, was einen nervt, ist oft heilsamer als übellauniges Schweigen oder subtile Aggression. Versuchen Sie deshalb nicht, Konflikte zu vermeiden, sondern sprechen Sie Probleme deutlich an und lassen Sie Ihr Gegenüber nicht spüren, dass etwas nicht in Ordnung ist (z. B. durch Liebesentzug, Verbote oder auch demonstratives Leiden). Bleiben Sie bei einem Streit respektvoll. Zeigen Sie danach, wie wichtig Sie einander sind und dass Sie sich gegenseitig trotzdem lieben.

- Eine ehrliche Auseinandersetzung mit Kindern setzt voraus, dass wir nicht nur unsere Sicht der Dinge sehen, sondern auch darüber nachdenken, wie unsere Kinder diese wahrgenommen haben. Was ist in der Erziehung gelungen und worauf sind Sie stolz? Machen Sie eine Liste der Dinge, die Ihr Kind bisher erreicht hat, was Sie an ihm besonders schätzen, welche Fähigkeiten Ihr Kind hat und worauf Sie stolz sein können. Erwarten Sie nicht, dass alles im Leben perfekt ist, und gestehen Sie sich und anderen Fehler zu.

- Hören Sie Ihren Kindern geduldig zu, wenn sie über gemeinsame Erlebnisse der Vergangenheit mit Ihnen sprechen und erlauben Sie eine zweite Wahrheit. Akzeptieren Sie, dass sie Dinge vielleicht ganz anders erlebt haben als Sie selbst. Geben Sie eventuelle Fehler zu und sagen Sie z. B.: *„Es war mir nicht bewusst, was ich getan habe. Ich habe es nicht böse gemeint, ich habe es nicht besser gewusst."*

- Hinterfragen Sie sich selbst, statt sich in blinden Vorwürfen zu ergehen. Welchen Grund könnte es geben, dass Ihre Kinder sich Ihnen entziehen? Neigen Sie dazu, sie zu sehr zu kritisieren, sie mit gut gemeinten, aber unerwünschten Ratschlägen zu überschütten?
- Wenn sich die Mutter-Kind-Beziehung „festgefahren" hat, kann es erforderlich sein, gemeinsam einen Mediator oder einen Psychotherapeuten aufzusuchen. An einem neutralen Ort mit einem Moderator, der von beiden Seiten respektiert wird, ist es oft leichter, offen miteinander zu sprechen. Vor allem ist man disziplinierter.

Quellen

1. www.planet-wissen.de/alltag_gesundheit/familie/mütter von Christina Lüdeke, Autorin der WDR-Sendung „Planet Wissen" vom 22.08.2011, nach dem Stand vom 30.01.2015

2. Gschwend, Gaby (2009): *Mütter ohne Liebe. Vom Mythos der Mutter und seinen Tabus,* Bern, Hans Huber Verlag

3. *Der Vierte Armuts- und Reichtumsbericht der Bundesregierung,* Stand: März 2013, Art.-Nr.: A334, unter: http://www.bmas.de/DE/Service/Publikationen/a334-4-armuts-reichtumsbericht-2013.html, nach dem Stand vom 30.01.2015

4. Streidl, Barbara (2012): *Kann ich gleich zurückrufen? Der alltägliche Wahnsinn einer berufstätigen Mutter,* München, Blanvalet

5. Schneider, Regine: Karrieremütter (2008): *Vom Glück, Kind und Job zu vereinen,* München, mvg Verlag

6. Artikel zur Studie „Karriereperspektiven berufstätiger Mütter" in GiP – Gleichstellung in der Praxis, Ausgabe 2/2011 unter: https://www.frankfurt-university.de/?id=4310, nach dem Stand vom 30.01.2015

7. Kraus, Josef (2013): *Helikopter-Eltern. Schluss mit Förderwahn und Verwöhnung,* Reinbeck, Rowohlt Verlag

8. Wunsch, Albert (2013): *Die Verwöhnungsfalle: Für eine Erziehung zu mehr Eigenverantwortlichkeit,* München, Kösel Verlag

9. http://www.elternalarm.de, nach dem Stand vom 30.01.2015

10. Chua, Amy (2015): *Die Mutter des Erfolgs. Wie ich meinen Kindern das Siegen beibrachte,* Übersetzung: Barbara Schaden, München, Carl Hanser Verlag

11. Midori (2009)2. Aufl.: *Einfach Midori,* Berlin, Henschel

12. Teuschel, Peter (2014): *Das schwarze Schaf – Benachteiligung und Ausgrenzung in der Familie,* Stuttgart, Klett-Cotta Verlag

13. Stassinopoulos, Arianna (1981)2. Aufl.: *Die Callas,* Hamburg, Hoffmann und Campe

14. Stassinopoulos, Arianna (1981) 2. Aufl., a. a. O., S. 26

15. Mühl, Melanie (2011) 2. Aufl.: *Die Patchwork-Lüge – Eine Streitschrift,* München, Carl Hanser Verlag, zitiert nach: http://www.dijg.de/ehe-familie/forschung-kinder/patchwork-luege-melanie-muehl-rezension, nach dem Stand vom 30.01.2015

16. Streidl, Barbara (2012): *Kann ich gleich zurückrufen? Der alltägliche Wahnsinn einer berufstätigen Mutter,* a. a. O.

17. Rygaard, Niels Peter (2006): *Schwerwiegende Bindungsstörung in der Kindheit. Eine Anleitung zur praxisnahen Therapie,* Berlin, Springer

18. Nack, Cornelia (1998): *Wenn Eltern aus der Haut fahren. Von der Unmöglichkeit, immer liebevoll, geduldig und ausgeglichen zu sein,* München, Kösel-Verlag

19. http://www.poeschel.net/zeit/pareto.php, nach dem Stand vom 30.01.2015

20. Volkwein, Barbara (2011): *Die etwas gelassenere Art, Mutter zu sein. Ihr Weg zu Klarheit, Souveränität und einem entspannten Familienalltag,* München, Kösel-Verlag

21. Hartmann, Ulrike (2010): *Mutterschuldgefühl. Vom täglichen Anspruch, immer das Beste für die Kinder zu wollen,* München, Südwest Verlag

22. Döring, Dorothee (2006): *Wodurch wir wurden, was wir sind – Familienprägungen erkennen und verstehen,* Stuttgart, Kreuz Verlag

23. http://www.pairfam.de/de/studie/inhaltliche-schwerpunkte/erziehungsverhalten.html, nach dem Stand vom 30.01.2015

Dorothee Döring

Familienglück im zweiten Anlauf

Chancen und Risiken einer Patchword-Familie
Fallgeschichten, Alltagstipps, Kontaktadressen

ISBN 978-3-941435-0-87, 149 S. € 16,95

Rhonda Findling

Wenn Männer vor der Liebe flüchten

Wie man mit Beziehungsneurotikern glücklich wird - oder sie meidet

ISBN 978-3-941435-14-8, geb, 232 S. € 18,50

Daniel Allemann

Was Gott Adam und Eva nicht sagte

Liebe, Sex und Einssein - Die sieben Schlüssel zum Glück

ISBN 978-3-941435-33-9, .262 S. € 18,50

Rhonda Findling

Ruf bloß nicht an!
Wie Sie Ihren Ex-Partner loslassen und stattdessen das Leben genießen

Viele Tipps, Fallbeispiele, einfühlsam und professionell!

ISBN 978-3-9808707-9-5, geb. 149 S. € 13,9

Isha Judd

Die Intelligenz der Liebe

Was die Liebe behindert, was sie entfesselt und wie sie das Leben tief verwandelt

Den Fallstricken des Lebens entgehen

ISBN 978-3-941435-24-7, geb. 200 S., . € 18,50

Claire & Christian Gaudin

Kleines Katzen Kamasutra
Feine Geheimtipps für Liebe-Genießer

So viel berauschender als Champagner!

60 S. durchgehend illustriert, geb. 20,5 x 20,5 cm
ISBN 978-3-926288995 € 14,95

Nita Tucker

Schluss mit Single über 40

Die Kunst, den richtigen Partner zu finden

ISBN 978-3-945574-28-7, 180 S.S. € 14,95

Friedrich Scholz

Die Spielregeln des Lebens
12 Gesetze die unser Schicksal lenken

Die universellen Gesetze bereichern das Leben und führen zur inneren Zufriedenheit und zum Lebensglück.

ISBN 978-3-941435-16-2, 168 S. € 14,90

Lisa Williams

Was geschieht mit uns, wenn wir sterben

Das Wissen über das, was uns alle erwartet, nimmt uns die Angst vor dem Übergang.

ISBN 978-3-941435-06-3, geb.200 S. geb. € 18,50

Atasha Fyfe

Reinkarnationen
Die Heilkraft früherer Leben nutzen

Positive Erfahrungen in Vorleben können sich auf das Jetzt auswirken, wenn man auf sie zurückgreift.

ISBN 978-3-941435-36-0, 296 S € 18,50